A LISTA DE
BERGOGLIO

NELLO SCAVO

A LISTA DE
BERGOGLIO

Os que foram salvos
por Francisco
durante a ditadura

A história jamais contada

Tradução de Orlando Soares Moreira

Prefácio de Adolfo Pérez Esquivel

Contém o interrogatório inédito do
cardeal Jorge Mario Bergoglio no
"Processo ESMA" de 2010

Título original:
La lista di Bergoglio – I salvati da Francesco durante la dittatura
© Editrice Missionaria Italiana (EMI), 2013
Via di Corticella, 179/4
40128 Bologna, Italia
ISBN 978-88-307-2143-2

Capa: Walter Nabas
Foto não datada do Padre Jorge Mario
Bergoglio em Buenos Aires (Argentina),
servindo comida.
AFP/Ho/Família Bergoglio
Diagramação: So Wai Tam
Revisão: Renato da Rocha

Paulus
Rua Francisco Cruz, 229
04117-091 São Paulo, SP
T 55 11 5087 3700
F 55 11 5579 3627
editorial@paulus.com.br
www.paulus.com.br

Paulinas
Rua Dona Inácia Uchoa, 62
04110-020 São Paulo, SP
T 55 11 2125-3500
Telemarketing 0800-7010081
editora@paulinas.com.br
www.paulinas.org.br

Edições Loyola Jesuítas
Rua 1822, 341 – Ipiranga
04216-000 São Paulo, SP
T 55 11 3385 8500
F 55 11 2063 4275
editorial@loyola.com.br
vendas@loyola.com.br
www.loyola.com.br

Todos os direitos reservados. Nenhuma parte desta obra pode ser reproduzida ou transmitida por qualquer forma e/ou quaisquer meios (eletrônico ou mecânico, incluindo fotocópia e gravação) ou arquivada em qualquer sistema ou banco de dados sem permissão escrita da Editora.

ISBN 978-85-15-04088-9
© EDIÇÕES LOYOLA, São Paulo, Brasil, 2013

ISBN 978-85-356-3688-8
© PAULINAS, São Paulo, Brasil, 2013

ISBN 978-85-349-3839-6
© PAULUS, São Paulo, Brasil, 2013

A Stella e Pietro

Ama a verdade, mostra-te como és,
e sem fingimentos e sem medo e sem cautelas.
E se a verdade te custa a perseguição, aceita-a;
se a tortura, suporta-a. E se, pela verdade,
tiveres de sacrificar a ti mesmo e a tua vida,
sê forte no sacrifício.

(Giuseppe Moscati)

Aos padres Filippo e Silvio Alaimo,
os meus jesuítas

SUMÁRIO

9 PREFÁCIO
"Bergoglio contribuiu para ajudar os perseguidos",
Adolfo Pérez Esquivel

**15 PRIMEIRA PARTE
O PORQUÊ DE UMA PESQUISA**

17 SÃO DEZENAS AS PESSOAS DAQUELA "LISTA"

21 A ARGENTINA SOB O TACÃO DOS MILITARES

**33 BERGOGLIO AJUDAVA AS VÍTIMAS,
OUTROS PRELADOS APOIAVAM O REGIME**

**43 SEGUNDA PARTE
BERGOGLIO'S LIST. AS HISTÓRIAS**

45 GONZALO MOSCA
O sindicalista perseguido por duas ditaduras

53 ALICIA OLIVEIRA
Na clandestinidade junto com o padre Jorge

59 ALFREDO SOMOZA
O literato salvo sem que o soubesse

67 O CASO JALICS-YORIO
"Não fomos denunciados por Bergoglio"

75 DESAFIO AO ALMIRANTE

79 PADRE JOSÉ-LUIS CARAVIAS
"Bergoglio me salvou, despistando os serviços secretos"

85 MARTÍNEZ OSSOLA – LA CIVITA – GONZÁLEZ
"O bispo mártir Angelelli nos confiou a ele,
que nos subtraiu à morte"

97 SERGIO E ANA GOBULIN
"Nós, catequistas na *villa miseria*, devemos a vida a ele"

107 JOSÉ MANUEL DE LA SOTA
"Todos sabem que salvou dezenas de vidas"

109 JUAN CARLOS SCANNONE
"Digo-o pela primeira vez: parou uma batida policial contra mim"

117 TERCEIRA PARTE
AS RESPOSTAS ENCONTRADAS

119 AMNESTY INTERNATIONAL
"Nenhuma acusação contra Jorge Mario Bergoglio"

123 CONCLUSÕES

127 APÊNDICE
INTERROGATÓRIO DO CARDEAL BERGOGLIO
NO "PROCESSO ESMA", DE 2010

169 CRONOLOGIA

172 BIBLIOGRAFIA

172 AGRADECIMENTOS

PREFÁCIO
"Bergoglio contribuiu para ajudar os perseguidos"
Adolfo Pérez Esquivel[1]

A eleição do papa Francisco, até então conhecido como cardeal Jorge Mario Bergoglio, causou grande surpresa, quer no mundo todo, quer em nosso país. Como era previsível, multiplicaram-se as interpretações sobre a importância dessa escolha. Eu gostaria de partilhar algumas reflexões minhas, uma vez que alguns meios de comunicação puseram em discussão opiniões pessoais, passadas e presentes, em relação ao papel que a Igreja exerceu durante o período da ditadura e, em particular, em relação ao novo papa.

Jamais acreditei que a história seja predeterminada, ou fruto de contingências e de cenários inesperados. Não me parece que possam ser determinados *a priori* os comportamentos e os resultados das ações que a Igreja vai realizando. Haverá sempre incertezas e certezas nas opções que se fazem num determinado período histórico. E, ao longo do caminho, poderemos ter sucessos e também cometer erros. Nesse âmbito, ninguém é infalível, nem mesmo o papa. O desafio, portanto, consiste em procurar interpretar um processo e avaliar as oportunidades e os riscos que ele pode apresentar.

Qual era a situação da Igreja antes da abdicação do papa Bento XVI? Nos últimos decênios, os principais dirigentes da Igreja tinham dado

---

1. Pacifista argentino e ativista dos direitos humanos; foi preso e torturado durante a ditadura. Prêmio Nobel da Paz de 1980. Para mais informações, cf. <http://www.adolfoperezesquivel.org>.

passos para trás em relação ao caminho iniciado pelo Concílio Vaticano II, desestimulando, se não até perseguindo, as opções que consideravam a história de libertação dos povos como parte da história da salvação e que tinham nascido na América Latina a partir de Medellín, de Puebla e de várias Conferências. Para muitas hierarquias, a escolha dos pobres deixou de representar o baricentro da teologia para se transformar num estímulo a favor dos movimentos leigos conservadores, ligados, muitas vezes, a poderes econômicos. Os teólogos da libertação e outras personalidades pós-conciliares foram desaparecendo aos poucos, quando não foram atirados diretamente para o banco dos réus, enquanto a instituição procurava fazer voltar ao rebanho os lefebvrianos que, todavia, pediam um retorno ao Concílio..., mas ao de Trento.

Numa Igreja em que a guinada conservadora, iniciada com João Paulo II e consolidada por Bento XVI, tinha mudado o perfil de episcopados inteiros, substituindo bispos progressistas por outros ultraconservadores e na qual, além disso, se evidenciava uma forte crise de credibilidade, por causa da gestão pouco transparente dos fundos do Vaticano e das denúncias de abusos e sucessivo acobertamento de sacerdotes acusados de aberrantes atos de pedofilia, esperava-se uma eleição do novo pontífice em continuidade com escolhas ultramontanistas, italianas de modo especial.

Em semelhante contexto, a designação do cardeal Bergoglio surgiu como uma novidade, ou seja, pela primeira vez, a Igreja saía do eurocentrismo para abrir sua visão à América Latina e aos outros continentes.

Os primeiros gestos e atitudes do novo papa, bem como a adoção do nome do santo de Assis, Francisco — nome que encarna, no seu alto valor simbólico, tanto a opção pelos pobres, como um programa de ação —, demarcaram um espaço diferente do que inicialmente era previsível. Somente o tempo poderá dizer quanto Francisco será capaz de mudar as heranças negativas que prejudicaram o Vaticano e a Igreja em geral. Conseguirá a Igreja reencontrar o caminho do Concílio, adaptando sua mensagem aos tempos atuais e procurando animá-la e iluminá-la com a fé alternativa da justiça social para os povos?

Ainda que o ex-cardeal Bergoglio possa ser inserido na expressão conservadora da Igreja, sob o ponto de vista da doutrina, começamos a conhecer, nos últimos anos, alguns aspectos da sua ação como pastor que deixaram à mostra um perfil de compromisso com os que estão em dificuldade, mediante um trabalho pastoral em favor dos pobres e dos rejeitados pelo sistema, não somente na pastoral das favelas, mas também no suporte a organizações que lutam contra o tráfico de seres humanos e o trabalho escravo, no apoio às empresas recuperadas pelos trabalhadores e na solidariedade com os que sofrem. São as linhas de um trabalho do qual emergirá certamente uma continuidade e que daqui se alargará em escala mundial.

Hoje, a Igreja universal começou a mudar a sua agenda. O desejo de uma Igreja pobre, o compromisso com os mais pobres... não é um fato secundário.

Já comentei em diversas ocasiões que grande parte da hierarquia da Igreja argentina foi cúmplice da ditadura ou, mesmo apenas por omissão, não esteve à altura das circunstâncias históricas. Certamente não se pode generalizar, nem deixar de distinguir o bom do mau. Houve bispos claramente cúmplices que chegaram a justificar até mesmo a tortura. Sabemos seus nomes e contribuímos para denunciá-los. Outros, porém, se estabeleceram em posições cômodas, procurando, todavia, ajudar, dentro de suas possibilidades, dando seguimento a protestos perante a junta militar em favor dos desaparecidos e dos prisioneiros e, com ações privadas, salvando pessoas. O que dizer de bispos como Justo Oscar Laguna e Jorge Casaretto, que visitava os sacerdotes de sua diocese detidos na U9 e pedira para me encontrar enquanto eu estava na cadeia? Dom Laguna, depois de animadas discussões com os militares, pôde me encontrar na Superintendência da Segurança federal, no mês de abril de 1977. O então provincial da Companhia de Jesus, padre Jorge Mario Bergoglio, contribuiu para ajudar os perseguidos e se empenhou de todos os modos para que os sacerdotes da sua ordem que tinham sido sequestrados fossem soltos. Todavia, como já tive ocasião de ressaltar alhures, não participou, então, da luta em defesa dos direitos humanos

Sumário | 11

contra a ditadura militar. Fizeram-no alguns bispos, como Jaime de Nevares, Miguel Hesayne, Jorge Novak, Antonio Devoto, Vicente Zazpe, meu companheiro de prisão no Equador, onde estivemos detidos com 17 bispos latino-americanos, em Riobamba. Mas, em geral, o episcopado argentino, apesar da renovação dos seus membros, tem ainda uma conta em aberto quanto a fazer emergir a verdade e colaborar com a justiça, que deveria reconhecer e contribuir para reparar.

O encontro da presidente da Argentina, Cristina Fernández de Kirchner, com o papa foi um fato muito significativo, pois contribuiu para despertar as tensões do passado e abre hoje novo desafio, não somente para a Argentina, mas para todos os governos da América Latina, para a construção da "Pátria Grande". Hoje, eles podem contar com um papa sul-americano, o qual pode dar impulso às exigências por uma melhor distribuição da riqueza e para que os pobres possam conquistar todos os seus direitos e, assim, deixar para sempre sua condição de pobreza.

Num encontro que tive com o papa Francisco, conversamos sobre direitos humanos, e foi então que pronunciou esta frase: "É preciso continuar a trabalhar pela Verdade, pela Justiça e pela Reparação do estrago causado pelas ditaduras". Isso constitui um gesto forte diante dos que lamentam as passadas impunidades delas. Esperemos que essa mensagem possa se traduzir em ações concretas por parte da Igreja, a fim de que ouça os anseios do nosso povo. Além disso, falamos da esperança de que a Igreja possa, um dia, reconhecer o martirológio latino-americano, de religiosos e de leigos que sacrificaram a vida em nome de sua fé e por seus povos. Comentamos também o caso de dom Romero, em El Salvador, e do padre Carlos Murias, na Argentina: há processos de canonização em andamento, e que espera-se possam chegar logo a uma decisão.

O papa me transmitiu sua preocupação com os pobres e seu compromisso em reduzir o flagelo da pobreza; ressaltou seu empenho pelo ecumenismo, em condições de igualdade para todos os credos, bem como pelos problemas que afligem a Mãe Natureza.

Eu disse a ele que a escolha do nome Francisco representa, de per si, um desafio e, ao mesmo tempo, um programa de vida. E que os seus gestos concretos, como celebrar a missa numa prisão de menores, viver em aposentos austeros e trocar seu trono imperial papal por uma poltrona comum sem pedestal, não deixarão nunca de surpreender, de interpelar e de incomodar muitas pessoas no Vaticano.

Os desafios que o esperam são muitos; nem sei se o Espírito Santo já os previu. Seja como for, esperemos que Francisco possa, do mesmo modo como o papa João XXIII, escancarar as portas e abrir as janelas para remover as teias de aranha dos séculos passados, de modo que finalmente entre a luz.

PRIMEIRA PARTE

O PORQUÊ DE UMA PESQUISA

SÃO DEZENAS AS PESSOAS DAQUELA "LISTA"

nesperadamente, viram-no aparecer no noticiário internacional. De uma monumental balaustrada o olhar do homem a quem deviam a vida pousou sobre uma multidão incrédula. Foi como tirar dos olhos uma catarata. Alguns deles não o viam desde o distante dia do adeus. Este, numa aventura, embarcando para a Europa, aquele procurando amparo no exterior, aquele outro escondido no porta-malas, enquanto ele desafiava o toque de recolher. Por quatro decênios, tinham lutado, procurando o modo de recordar, sem sofrer mais. Quase ninguém conseguira. Estava vestido de branco. Disse que se chamava Francisco. "Bergoglio salvou a muitos, mais do que ele mesmo é capaz de se lembrar", confiou-me, poucas horas depois, um velho amigo dele. Acabara o tempo do esquecimento.

Não havia mais senão indagar. Chegar a Buenos Aires e, depois, subir dali ao longo do fio dos relatos que levam até o Uruguai e Paraguai, refazendo os caminhos que conduzem à salvação. E procurar ainda mais, desentocando pedaços de vida arrebatados ao carrasco: o sindicalista comunista, os ex-catequistas, o professor universitário, o magistrado, o jornalista ateu, os recém-casados perseguidos porque a uma vida cômoda tinham preferido a cotidianidade entre os mais pobres, o expoente político ou o teólogo marxista. Alguns vivem ainda na Argentina, muitos nunca deixaram de se sentir no exílio.

Ninguém, todavia, a começar do círculo nada restrito das amizades de confiança, ninguém mesmo quis indicar a pista certa. Nem o sobrinho, o jesuíta padre José Luis Narvaja, diretor, em Buenos Aires, do centro de estudos Thomas Falkner. Nem Alícia Oliveira, magistrada e advogada, que foi, repetidas vezes, protegida por Bergoglio. Nem o padre Juan Carlos Scannone, considerado o maior teólogo argentino vivo, que me contou a própria história, revelando que também ele se livrara da perseguição.

"Sinto muito; agora cabe a ti descobrir o resto da história." Uma atitude suspeita. Como se houvesse alguma coisa a esconder. Um pacto de silêncio para proteger a simpatia da imagem pública do papa Francisco? Nada de nomes. Nem mesmo um vestígio, nem uma ponta de verdade que levasse à "lista" do padre Jorge. "Tenho certeza de que poderá entender", respondiam diante das insistências.

À medida que a "lista" ia se formando com os nomes, com os cotejos e com os testemunhos atrevidos e astutos como de agente secreto, tomava corpo a resposta a uma pergunta que se tornara obsessiva: "Por que os amigos do padre Jorge quiseram se calar, quando, ao contrário, deveriam ter interesse na divulgação de uma verdade tão maravilhosa?".

Do alto dos seus oitenta e um anos, o padre Scannone limita-se a responder com um "sim" a uma hipótese extravagante que me passou pela cabeça, mas que para minha mentalidade de cronista — muito diferente da lógica menos impulsiva de um historiador — parecia não ter nenhum sentido.

Faço-lhe perguntas no fim de uma longa conversa numa saleta afastada no Colégio de San Miguel[2], que foi o quartel-general das temerárias operações clandestinas. Falamos das feridas ainda abertas. Das mães que, toda semana, caminham por uma triste via crucis para a Plaza de Mayo, das avós que conheceram as crianças dadas à luz nos imundos corredores das prisões e logo adotadas por famílias comprometidas com o regime, enquanto os pais naturais eram exterminados. Falamos de uma geração inteira arquivada em treze letras: *desaparecidos*.

---

2. San Miguel é um município da metrópole de Buenos Aires, a cerca de 30 quilômetros do centro da capital argentina. É ali que se encontram os institutos citados neste livro: o Colégio Máximo e a Universidad del Salvador.

O "sim" proferido com dificuldade pelo velho teólogo jesuíta responde a esta pergunta: "Os amigos do papa se calam para não sufragar a suspeita de que, por meio deles, Bergoglio esteja tentando manipular a seu favor os fatos que remontam aos anos da ditadura?"

De resto, por trinta anos o então provincial dos jesuítas, depois bispo auxiliar e, enfim, arcebispo de Buenos Aires e primaz da Argentina optara pelo silêncio. Também isso fala do modo de entender a liberdade que o papa Francisco guarda para si e deseja para os outros. À custa de perdas pessoais.

Todavia, sou grato a esses silêncios. Pois o que segue é a reconstrução de uma pesquisa trabalhosa sobre os que foram salvos por Bergoglio. A "lista" continua amplamente incompleta. A maior parte desses desaparecidos que faltam construiu uma existência a mais normal possível. O mal ficou para fora da porta. De tanto em tanto nela bate. Como numa terapia de desintoxicação coletiva, tentaram, por decênios, preencher o vazio daquela loucura com a vida, ganha dia a dia. Alguns agradecendo a boa sorte pelo sol que ainda surge diante dos próprios olhos, outros amaldiçoando o sentimento de culpa por não terem acabado no fundo do Atlântico com os demais.

Por muito tempo, acusaram-no de se ter virado para o outro lado, covarde e cúmplice. Mas a favor dele testemunham as vozes da "lista", aquelas que destas páginas falam por meio dos encontros pessoais, das entrevistas, dos documentos investigativos e das declarações prestadas às comissões de inquérito. Alguns dos "salvos por Bergoglio" solicitaram que não se mencionasse onde e de que modo se deram os nossos encontros. Outros preferiram nos remeter aos recortes de jornais e memórias escritas que completamos com as correspondentes anotações tiradas dos atos judiciários. Por razões de privacidade que o leitor poderá compreender, dada a delicadeza do assunto, de algumas reconstruções, não referimos as modalidades, os lugares e as datas em que as ficamos conhecendo.

Alguns as chamam de "gestas". Outros, de modo mais evangélico, de "obras boas". E haveria, sim, razões para falar de um Bergoglio desconhecido, da coragem daquelas noites, indiferente às batidas dos militares. De dias passados entre breviário e blitz policiais, excogitando modos de evitar os controles, despistar a polícia, enganar os generais. Para transportar, sãos e salvos, para além-fronteira os jovens destinados aos matadouros clandestinos.

Uma pergunta, porém, ficará sem uma resposta satisfatória. Quantos eram? O padre Miguel La Civita, um da "lista", afirma ter visto Bergoglio "ajudar muitas pessoas a deixarem o país". Não somente padres e seminaristas. "No Colégio Máximo apresentavam-se diversos personagens, sozinhos ou em pequenos grupos, que ali ficavam alguns dias e depois desapareciam." Dizia: "Eles vêm para um retiro espiritual". E os exercícios duravam uma semana. Entendi que se tratava de leigos dissidentes que o padre Jorge ajudava a escapar. Como? "De qualquer modo e sempre arriscando muito".

Cada beneficiário da proteção de Bergoglio diz ter assistido pessoalmente à salvação de pelo menos umas vinte outras pessoas. Os testemunhos, às vezes, se referiam ao mesmo período de tempo, mas outras vezes não se sobrepõem, justamente porque são relativos a anos distantes entre si. Arriscando uma estimativa prudente, poderíamos dizer que o padre Jorge terá posto a salvo mais de uma centena de pessoas. Dezenas, como veremos, são os salvos "preventivamente", ou seja, postos de sobreaviso pelo futuro papa, antes que pudessem acabar sequestrados. E a eles se juntam os que, "sem que nem soubessem", foram poupados ao regime, porque, graças às manobras do padre Jorge, "esconjurando novas prisões, evitou-se — como nos relatam neste livro alguns protagonistas — que durante os interrogatórios feitos sob tortura pudessem vir à tona outros nomes, que, não fosse assim, estariam incluídos no infindável número dos desaparecidos".

Espero ardentemente que o interessado não se ofenda, mas a "lista" de Bergoglio parece realmente maior "do que a que ele próprio pode recordar".

A ARGENTINA SOB O TACÃO DOS MILITARES

O poder das Forças Armadas na Argentina culminou com o golpe de 24 de março de 1976. Sob o pretexto de dar início a um "Processo de reorganização nacional", uma junta militar depôs a presidente Isabelita Perón, que sucedera a seu marido, e com ela os governadores e os vice-governadores. O Congresso foi dissolvido. Os membros da Corte suprema, removidos, do primeiro ao último.

Os militares venceram a guerra, mas não procuravam a paz. Declararam o estado de sítio, ab-rogando os direitos constitucionais, suspendendo as atividades políticas e de associação, proibindo os sindicatos, vigiando os jornais, sequestrando militantes políticos, ativistas sociais e guerrilheiros. A tortura tornou-se a regra para obter informações, aplicando o método do sistemático desaparecimento em série para gerar um clima de terror. Os centros clandestinos de detenção eram, aliás, o motor de um perverso sistema de apropriação dos recém-nascidos dados à luz pelas detentas.

A junta era formada pelos militares das três Armas: Videla para o Exército, Massera para a Marinha e Agosti para a Aeronáutica. Avocou-se a faculdade de designar o presidente da nação entre os oficiais não mais no serviço ativo e os membros da CAL (Comisión de Asesoramiento Legislativo), no respeito à regra do "quarto homem", para garantir uma separação entre militares e governo.

Nada mais do que uma vã lisonja. Um modo de fazer que os mais relutantes na comunidade internacional digerissem um golpe de Estado que reivindicava uma "diferença argentina" com relação às brutalidades registradas nos países vizinhos. Até julho de 78, o exército impôs na presidência o general Videla, que, em 1981, foi substituído por Viola, a quem se seguiu Galtieri e, em 1982, Bignone. Ao querer esconder as reais intenções, os conjurados não rasgaram a Constituição. Calcaram-na. Nas palavras, a carta fundamental permaneceu em vigor. Com uma condição: que não estivesse em contraste com as disposições para o Estatuto do Processo de reorganização nacional. Um contrassenso que num primeiro momento não foi aceito.

Tudo isso pôde acontecer na afasia geral que contagiara o país. Uma predisposição ao silêncio geral, amadurecida depois de anos de insegurança. "A intervenção dos militares em 1976 era esperada, se não invocada, por pelo menos uma parte da sociedade, que neles repunha a esperança de ver resolvidos os conflitos sociais e as tensões que a incapacidade dos governos anteriores não tinha conseguido reorganizar. Ainda que fosse necessário intervir de maneira enérgica, os militares, sem dúvida, foram bem além do que a própria sociedade esperava", argumenta Marzia Rosti, professora de História da América Latina na Faculdade de Ciências Políticas da Universidade de Milão no seu *Argentina*, publicado pela Mulino.

A destruição definitiva das guerrilhas obteve resultados em poucos meses. A desarticulação das organizações sociais teve como consequência o desaparecimento de, pelo menos, 30 mil pessoas, a apropriação de mais de 500 filhos de condenados à morte, a detenção de milhares de ativistas políticos, o exílio de, aproximadamente, dois milhões de pessoas, além dos 19 mil fuzilados pelas ruas.

Em 1983, o regime se dissolveu. Humilhados pela derrota na guerra contra o Reino Unido na conquista das ilhas Falkland/Malvinas, os militares foram postos contra a parede, tanto pela opinião pública nacional, que os acusava de terem enviado ao massacre centenas de jovens soldados, como pela opinião internacional, que, finalmente, soube da índole dos generais e com que barbárie a junta tinha dominado o país.

Foi assim que, à boca pequena, se começou a comentar sobre fossas comuns, sobre cemitérios com cruzes sem nome. Pela primeira vez desde a época dos conquistadores, uma palavra vinda da América Latina retornaria às páginas mais sombrias da história: *desaparecidos*. Falou-se, no início, de poucas centenas, mas depois das investigações dos parentes dos desaparecidos chegou-se a uma estimativa, por baixo, ainda hoje considerada fidedigna: 30 mil *chupados* [*risucchiati*] "sugados" pelo abismo de um poder absoluto e cruel.

De abril a dezembro de 1985, na Corte Federal de Buenos Aires, foram processados os militares de alta patente no que foi definido como o *juicio del siglo*, o "processo do século", que haveria de acompanhar a transição para a democracia. Todo o subcontinente permaneceu por dias grudado às páginas dos jornais e dos noticiários do rádio e da TV. Ao todo, 900 horas de audiência, 833 testemunhas e três toneladas do processo levaram à sentença do dia 9 de dezembro de 1985. "Foi mais leve — lembra ainda Marzia Rosti — em relação quer às petições da acusação, quer às expectativas da opinião pública: foram condenados à prisão perpétua somente Videla e Massera. Grande parte dos argentinos estava convencida de que os militares teriam expiado as respectivas penas e esperou o início dos processos contra os militares de nível inferior, mas a perspectiva de mais de mil novos processos, além de dar a ideia das dimensões da tragédia, gerou (entre 1987 e 1988) resistências e tensões entre os militares de patente inferior, que reivindicaram seu papel de defensores da pátria. O temor de um novo golpe pôs à prova a frágil democracia e demonstrou que as Forças Armadas, habituadas a controlar as instituições do Estado desde 1930, não tinham saído de cena e incutiam ainda temor."

Seria preciso chegar quase ao novo milênio para que no Cone Sul, a região de seis Estados latino-americanos ao sul do Trópico de Capricórnio (Argentina, ilhas Falkland, Chile, Uruguai, Paraguai e Brasil), se vislumbrasse um indício de verdadeira justiça. Muitos processos estão ainda em andamento.

A paixão segundo o capitão Astiz

Os cristãos "não alinhados" estavam automaticamente na mira. Contra eles, a junta militar tinha disposto os seus homens de ponta, dos serviços secretos às patrulhas paramilitares. Sinal de que Videla e os seus podiam contar também com omissões e cumplicidade dentro da hierarquia eclesiástica. Os episódios que referimos aqui, os do grupo de Santa Cruz, mostram bem qual o clima e que perigos ameaçavam as comunidades da Igreja argentina por fora e por dentro. É um exemplo terrível dos riscos enfrentados pelas pessoas protegidas por Bergoglio e pelo próprio provincial dos jesuítas no esforço de subtrair vidas humanas à máquina repressiva. Uma página sombria, a enésima, da época do terrorismo de Estado, que o cardeal Bergoglio enfrentará durante o testemunho (que publicamos no Apêndice) dado à magistratura argentina, em 2010.

Um espião conseguiu, com diabólica habilidade, angariar a confiança dos familiares dos desaparecidos que se reuniam na paróquia de Santa Cruz. Para todos era Gustavo Niño, o anjo louro. Olhos azuis como os de poucos que se viam por aquelas bandas, rosto de estudante bem educado, crescido entre casa e igreja. Falava de um irmão "sugado" também ele, sabe-se lá em que matadouro do governo.

Na paróquia era comum a referência afetuosa ao belo Gustavo como ao *Rubito*, o Lourinho. Não era raro ver Niño parado no adro ou no jardim ao lado da igreja batendo papo com as mamães e as freiras. E elas, envolvidas no medo pelo destino dos desaparecidos, partilhavam com aquele bom rapaz a aversão pelos homens da junta militar. Antes de voltar para casa, *el Rubito* as encorajava a ser fortes. Enfim, saudava-as com um abraço e um beijinho no rosto.

Muito tempo depois, os fiéis de Santa Cruz descobririam a outra face do *Rubito*. Que não era de comiseração. Seu beijo era o de Judas, o sinal combinado para indicar aos agentes secretos da Marinha as pessoas a serem "sugadas".

O verdadeiro nome de Gustavo Niño era Alfredo Astiz, oficial da Marinha militar argentina. Entre suas vítimas figuram duas freiras francesas, Léonie Duquet e Alice Dumont — delito pelo qual Astiz já foi condenado em Paris —, uma das fundadoras das Mães da Plaza de Mayo, Azucena Villafor, e o jornalista e escritor Rodolfo Walsh, uma das vozes mais lúcidas na denúncia das deformações do absurdo Processo de reorganização nacional.

Numa das suas aparições no tribunal, o ex-capitão de fragata se fez teatralmente repreender, ao ler um livro intitulado *Voltar a matar*. A enésima provocação.

Na época da ditadura, ele tinha uma missão: reduzir ao silêncio a parte da Igreja que optara por não se ajoelhar diante das divisas dos generais. Alguns meses depois do golpe de 1976, Astiz conseguiu ganhar confiança junto ao grupo de Santa Cruz, a bela igreja de Buenos Aires, que a junta considerava um covil de subversivos. A assinatura de Gustavo Niño figurou até na petição em que se reclamava a liberdade de alguns detentos que as organizações de direitos humanos tinham feito publicar no diário *La Nación*, no dia 10 de dezembro de 1977. Era Niño que acompanhava os ativistas nas reuniões que se realizavam na Santa Cruz, no bairro semicentral de San Cristóbal. Confiavam tanto no louro Gustavo que lhe confiavam os escoteiros da paróquia. Um papel desempenhado com cínica habilidade. O perfil do anjo exterminador foi eficientemente resumido pelo Supremo Tribunal de Justiça de Roma na sentença com a qual o oficial argentino foi condenado pelo desaparecimento de três emigrantes italianos: "O tenente Astiz, ao exercer as próprias funções de comando em relação aos oficiais e aos militares inferiores e de colaboração diretiva com oficiais superiores no *Grupo de tareas 3.3.2* ['grupos de trabalho' era o nome, na gíria, das equipes de sequestradores da ditadura militar argentina, *ndr*], concorreu com plena consciência na coparticipação delituosa da manutenção da gestão da prisão clandestina onde foram segregadas as três vítimas, persistindo na reclusão deles".

El Rubito fez de si uma descrição bem fiel. Um truque também para se justificar de qualquer crime cometido. Como se o treinamento recebido o tivesse privado da sua consciência.

"Declaro que a Armada me ensinou a destruir. Não me ensinaram a construir, ensinaram-me a destruir. Sei como usar minas e bombas, sei infiltrar-me, sei desarmar uma organização, sei matar. Tudo isso eu sei fazer bem. Sempre digo: sou um bruto, mas realizei um único ato lúcido na minha vida, o de me alistar na Armada".

E é verdade. Mas, se virmos bem, não é difícil perceber a duplicidade de Alfredo-Gustavo. Como se, uma vez posta a farda, ele ficasse privado da sua humanidade. Um autômato; é assim que desejaria passar para a história.

A encenação não funcionou. Apesar das proteções, das normas sobre as imunidades, felizmente supressas, e das tentativas de viciar os processos, *el Rubito* não evitou a prisão perpétua, por ordem do Tribunal de Buenos Aires.

A justiça italiana recorda que, de fato, "a estrutura carcerária criminosa contava, entre os objetivos institucionais, com o da supressão — efetivamente realizada em detrimento de relevante número dos prisioneiros, determinado na razão de 20% —, em segredo, dos sequestrados que os carcereiros julgassem não recuperáveis à obediência do regime ditatorial. O imputado, aliás, confiou a uma testemunha que, às vezes, se recorria às execuções capitais (mediante o lançamento no Oceano Atlântico a partir de aeronaves em alto voo) também por necessidade de reduzir o número de pessoas, quando o cárcere não dispunha mais da capacidade necessária para receber novos prisioneiros".

Na vigília do Natal de 1977, a junta decidiu que as "subversivas" de Santa Cruz (tratava-se, na maioria, de mulheres) tinham de ser eliminadas. Eram um mau exemplo para as outras comunidades católicas. O catonazismo de Videla e companheiros não podia se permitir desmoronamentos. O duplo jogo de Astiz-Niño ficara de pé tempo demais. De um momento a outro poderia perder a máscara e, sobretudo, dar a entender aos grupos de ativistas de todo o país que o regime tinha gente infiltrada por toda a parte.

Uma vez arriscou mais do que devia. Na perturbada manhã do dia 26 de janeiro de 1977, o *Grupo de Tareas 3.3.2* prendeu Norma Burgos, mulher de um alto dirigente dos Montoneros[3]. O grupo de militares comandado por Astiz ficou escondido na casa de Burgos para esperar a chegada, prevista para o dia seguinte, de María Berger, outra líder montonera.

Às 8h30 da manhã, Dagmar Hagelin, uma moça sueca de 17 anos, amiga de Norma, passou pela casa de Norma para saudá-la. Alta, loira, olhos azuis. Os do *Grupo* pensaram que se tratasse de Berger. Mal a moça entrara pelo jardim, Astiz e os seus saltaram sobre ela, armas em punho. Mas Dagmar reagiu instintivamente. Atleta bem treinada, numa arrancada muito rápida, escapou pela rua. Astiz e um cabo de nome Peralta correram atrás dela, gritando para que parasse. Queriam-na viva. Decerto, para interrogá-la, com os métodos deles. Dagmar Hagelin, porém, corria mais forte que o medo. Nada tinha a esconder, mas intuía o que lhe teria acontecido se não tivesse conseguido deixá-los para trás.

Dagmar ganhava distância, mas os oficiais estavam armados. *El Rubito* atingiu-a de raspão na cabeça, e a moça caiu de mau jeito na calçada. Os militares pararam um táxi e jogaram a sueca no porta-malas. Dagmar Hagelin, como referirão depois algumas testemunhas oculares, perdia sangue, mas estava viva e consciente. Tentou, com as poucas forças que lhe restavam, impedir o fechamento do porta-malas. Foi vista viva na ESMA. Mas desde março de 1977 não se tem mais notícia dela.

Após aquela operação, portanto, Astiz procurou não dar na vista. Em pleno Advento de 1977, o *Grupo de Tareas 3.3.2* passou a agir contra a paróquia de Santa Cruz. Sequestraram todo o "bando": Azucena Villaflor, Esther Ballestrino, María Ponce (as três fundadoras das Mães da Plaza de Mayo), as freiras francesas Alice Dumont e Léonie Duquet, os ativistas dos direitos humanos Angela Auad, Remo Berardo, Horacio Elbert, José Fondevilla, Eduardo Horane, Raquel Bulit e Patricia Oviedo.

Entre os dias 8 e 10 de dezembro de 1977, foram "sugadas" umas dez pessoas ligadas às Mães da Plaza de Mayo. Azucena Villaflor foi

---

3. O movimento peronista montonero era uma organização guerrilheira argentina de inspiração socialista, em operação no país nos anos Setenta. Foi quase totalmente destruído pela ditadura.

A Argentina sob o tacão dos militares | 27

arrastada enquanto se apressava a chegar ao jornaleiro para comprar um número da *Nación* que, naquele dia, publicava o apelo às instituições: *"Por una Navidad en paz solo pedimos verdad".* ("Para um Natal em paz, pedimos apenas a verdade").

Durante aquela operação, Astiz continuou a fazer o seu papel na comunidade, abraçando e beijando as "subversivas" que tinham escapado à primeira batida. Depois, não se soube mais nada dele. A serpente tivera sucesso na sua tarefa. Tanto que o nome de Gustavo Niño figurará por anos no rol dos desaparecidos.

Lisandro Raúl Cubas, um ex-detido no cárcere clandestino na Escola Superior de Mecânica da Armada (ESMA), contou na CONADEP que "mesmo nos mais agudos momentos de dor, irmã Alice [Dumont, *nda*], que se encontrava na *capucha* [uma espécie de gaiola escura e sem janelas na qual eram jogados os detentos da ESMA destinados ao isolamento, *nda*], queria ter informações sobre a sorte dos companheiros e, cheia de ironia, de modo especial do Lourinho, que não era outro senão o capitão de fragata Astiz".

Ao que se sabe, todo o grupo da Santa Cruz foi exterminado. Depois do macabro mostruário de torturas, as vítimas foram eliminadas com um voo da morte. No fim de 1977, alguns corpos foram encontrados ao longo de uma praia e sepultados às pressas com a inscrição *N.N.*, no cemitério de General Lavalle, trezentos quilômetros ao sul de Buenos Aires, numa perdida clareira no interior da baía de Samborombón. Anos mais tarde, cinco vítimas seriam identificadas e sepultadas no jardim da igreja.

Vida de "sugado"

Na época da ditadura, "X96" era um técnico da Comissão Nacional de Energia Atômica. Foi raptado em 1977 e os carrascos da ESMA procuraram explorar seus conhecimentos de física para melhorar os métodos de tortura. "X96" viveu quatro anos como "sugado" pela máquina repressiva. Está entre os poucos a terem podido contar, ao vivo, o que queria dizer estar desaparecido.

Seu nome como ser humano era Mario Villani.

"A partir do momento em que fui raptado, passei a ser um desaparecido, ou seja, de um dia para o outro, tu deixas de existir para a tua família, para os teus amigos e para o teus companheiros de trabalho".

"Fui sequestrado na manhã do dia 18 de novembro de 1977. Estive detido em cinco centros clandestinos de detenção: o Clube atlético, o Banco, o Olimpo, a División Cuatrerismo de Quilmes e a ESMA", narrou como testemunha no processo contra o general Guillermo Suárez Mason.

O roteiro já estava escrito: "*desaparición*-tortura-morte. Os desaparecidos, em sua maioria, ficavam dia e noite encapuzados, acorrentados e com os olhos vendados numa cela tão estreita que era chamada de 'tubo'".

Do tubo saía-se para ir ao "cirurgião". Nenhuma relação com a assistência médica. Com efeito, quando se deixava a "sala de operações", o cômodo fedia a sangue coagulado e a desinfetante. O "cirurgião" era o torturador. Depois, acabava-se entre os *trasladados*, os "transferidos". Uma libertação: o pelotão de execução poria fim à dor.

"Além da tortura física sofrida durante os interrogatórios, a vida nos Centros era uma contínua tortura psicológica. O tratamento diário — lembra Villani — era extremamente humilhante. Quando entravas, te atribuíam um código (o meu era X96) que tínhamos de utilizar até para nos chamarmos entre os detentos."

"Lá pelo fim de 1978, eu me encontrava na Garage Olimpo, um dos centros de detenção clandestina, e em duas ocasiões apareceu por lá o general Suárez Mason. Eu trabalhava no laboratório de eletrônica que fora equipado para consertar os eletrodomésticos que chegavam dos saques — que eles chamavam de 'presa de guerra' — nas casas dos sequestrados. Quando Suárez Mason entrou no laboratório queria saber duas coisas. Antes de tudo, como localizar as interferências televisivas que os montoneros estavam fazendo e, depois, como podia ele mesmo produzir interferências semelhantes. Embora a resposta fosse bastante simples, tornei-lhe tudo muito complicado, tanto que renunciou a todos

A Argentina sob o tacão dos militares | 29

os projetos. Em janeiro de 1979, foi decidido o esvaziamento do Olimpo, com a 'transferência' de cerca de cem pessoas. Junto com outros oito detentos, fui transferido para a División Cuatrerismo de Quilmes." Eu, X96, fui um dos poucos a sobreviver àquele gênero de "transferência".

A coisa pior para um prisioneiro era tomar conhecimento de que também a mulher, uma filha ou uma irmã tinham sido presas. Muitos "sugados" contaram que foram atormentados durante os interrogatórios por oficiais que diziam terem se divertido pouco antes, violentando suas parentas. As mulheres não tinham outra escolha: "Deixa de histórias, ou matamos teu marido". Depois, de tanto em tanto, os militares permitiam que os casais de detentos se encontrassem para um colóquio. Aos maridos não era preciso fazer muitas perguntas para entender que era tudo verdade. Habitualmente, isso bastava para obter alguma forma de colaboração para esconjurar outros estupros. Para a ESMA, entretanto, eram levados, toda noite, alguns novos casais de namorados.

A fábrica dos pais

"Não corta o cordão, não corta!". Não eram lágrimas de alegria. E não era a dor do parto que a fazia ficar desesperada. O recém-nascido apertado ao peito, ainda sujo de sangue.

Berrou mais uma vez com todo o fôlego que lhe restara. "Não levem embora meu bebê!".

Acabou como devia acabar. Sara Solarz de Osatinsky o contou na qualidade de testemunha num dos processos ao comando das Forças Armadas. Descreveu o inferno da *escuela* e de como as crianças eram subtraídas às mamães.

O testemunho de Sara foi decisivo para poder condenar, trinta anos depois dos fatos, o oficial da Marinha Jorge Acosta, chamado "el Tigre", e com ele o tenente Alfredo Astiz, o "anjo louro" que se infiltrara entre os ativistas da paróquia de Santa Cruz, em Buenos Aires.

Mulher de um expoente das Forças Armadas revolucionárias eliminado pela junta, mãe de dois filhos mortos com a idade de 15 e de

30 | PRIMEIRA PARTE – O porquê de uma pesquisa

18 anos, Solarz de Osatinsky fora sequestrada na rua. Antes de ser lançada numa cela da ESMA, despiram-na e espancaram-na. Quem entrasse nos centros de tortura, raramente saía vivo. Calcula-se que somente na ESMA, o Lager símbolo da ditadura, tenham entrado cerca de cinco mil pessoas. Apenas duzentas puderam rever a luz do dia.

"Era como um grande caixão — disse Solarz no processo, ao descrever o inferno do isolamento feminino. — Era todo de madeira. O espaço entre o teto e o pavimento era tal que éramos obrigadas a ficar deitadas. No meio de tudo isso, havia uma moça com um barrigão. Algum tempo depois, soube que se chamava Ana Rubel de Castro. Quando deu à luz o seu bebê, não havia ainda a sala das parturientes. O recém-nascido tinha sido logo levado embora. E ela continuava a me perguntar se tinha algum sinal particular para ela o reconhecer quando saísse." Passaram-se já quase quarenta anos. Ana e o seu bebê estão 'desaparecidos'. Ela, morta, sabe-se lá onde. A criança, adotada por ordens superiores.

Com triste ironia, os militares apelidaram a sala das parturientes da ESMA de "pequena Sarda". A "Maternidade Sarda", com efeito, era o conhecido hospital público de Buenos Aires. As mulheres em estado de gravidez eram deportadas para a ESMA, vindas dos centros de detenção de outros distritos do país. Sara não era uma obstetra, mas ajudou quinze infelizes a pôr no mundo crianças que elas jamais haveriam de ver e que jamais haveriam de saber sobre seus verdadeiros pais. "Havia quatro leitos. Na primeira vez, fui para lá com Maria Pichona. Ela queria que lhe ficasse ao lado. Sentia-se o rumor das correntes misturado ao choro da criança apenas nascida. Quando levaram embora o bebê, começou a gritar". Não podia fazer outra coisa: "Por que não me deixam ficar com o meu pequerrucho? Por quê?".

Graças a esse testemunho e à obstinação das Abuelas (as Avós da Plaza de Mayo), 150 desses pequenos, em geral adotados por famílias de militares sem filhos, readquiriram sua verdadeira identidade. À convocação faltam pelo menos 400.

Victoria Donda Pérez, pelo menos ela, conseguiu reconstruir a história da sua verdadeira família. Nasceu na ESMA, onde os pais foram torturados e mortos. A mãe foi reduzida ao silêncio depois do parto, sob o olhar de um tio — membro da polícia secreta — que depois acabou sob processo. Antes de ser levada ao patíbulo, a mulher conseguiu furar os lobos das orelhas da recém-nascida e passar por eles um fio azul. Um sinal de reconhecimento. Victoria foi adotada por uma família de militares que a rebatizou com o nome de Analía. A moça descobrirá a sua verdadeira identidade somente vinte e sete anos depois, graças a um testemunho anônimo e às Avós da Plaza de Mayo.

"Na minha história — explicou Victoria, ao presenciar o processo contra o tio — houve momentos dolorosos. O pior foi quando entendi que era filha de desaparecidos e que o irmão do meu pai estava presente quando torturavam minha mãe."

Essa era a Argentina de Jorge Mario Bergoglio, que se tornou, em 1973, provincial dos jesuítas. Um labirinto de espelhos deformados no qual todos tinham de suspeitar de cada um e do qual parecia não haver saída. Um país que acabou nas piores mãos, onde proliferavam agentes duplos e carreiristas da última hora. O golpe de Estado dos homens vestidos de cinzento-esverdeado tinha embaralhado as cartas, fazendo assumir papéis de poder figuras insignificantes. Ladrões, ex-condenados, ladrões de galinha e fanfarrões de sábado à noite. Para muitos foi como ganhar uma remissão. A ocasião esperada para conquistar certo respeito. Um desses momentos nos quais se pode limpar os escombros de vidas erradas. Era preciso somente seguir atrás do pelotão, jamais andar em direção oposta. Para muitos, bastou mudar de roupa para continuar a roubar, a bater, a estuprar. Uma farda vestiu os estúpidos como homens de Estado. Dessa gente é que era preciso se precaver. Mas para salvar vidas inocentes era com essa gente que era preciso se haver.

32 | PRIMEIRA PARTE – O porquê de uma pesquisa

BERGOGLIO AJUDAVA AS VÍTIMAS, OUTROS PRELADOS APOIAVAM O REGIME

"A história da Igreja argentina não é um mar de rosas. Menos ainda o é a história argentina. São raros, por isso, aqueles que delas saem puros. Mais ainda as virgens. Vangloriando-se do monopólio sobre a 'nação católica', essa Igreja se enleou por muito tempo no Estado e, dentro do Estado, nos homens fardados. Favoreceu, primeiro, a decolagem do populismo peronista, salvo combatê-lo, quando ele pretendeu apertá-la nas suas espirais totalitárias. E, depois, serviu de criada aos governos militares que se seguiram à queda do peronismo. Assim, Igreja e Forças Armadas se alçaram por muito tempo como bastiões da ordem, prontas a tudo, desde que impedissem a propagação das ideias 'estranhas' ao *ser nacional*: à essência da nação da qual tinham se proclamado guardiões e que não tolerava dissensões. É lógico que, com esse pano de fundo, pese sobre os ombros da Igreja argentina um grande fardo de responsabilidade. E que seus armários escondam esqueletos. Passada a tremenda confusão daqueles violentos anos, ela foi a primeira a voltar atrás para pedir um perdão refletido e sofrido."

Não é indulgente o juízo do professor Loris Zanatta. Para o professor de História da América Latina na Universidade de Bolonha, é preciso, porém, fazer algumas perguntas, a partir de uma reconstrução realista do contexto social e político.

"Tudo isso tornou a Igreja conivente com o regime de Videla? Em parte sim; foram-no, decerto, vários bispos; e, mais ainda, o foram os capelães militares. Mas foi o peso dessa longa história que induziu a Igreja

33

a não fazer denúncias públicas e a discutir com o regime por vias confidenciais. Essa responsabilidade coletiva transmite-se, porém, a todos os indivíduos? A cada sacerdote, inclusive a Bergoglio? Certamente, não." Eram tempos de fortes contrastes. As famílias estavam divididas. A política estava dividida. "Tão dilacerada estava a Igreja argentina na época, que parecia um corpo implodido, onde o que uma parte fazia era detestável para a outra. Além disso — retoma Zanatta —, há as recordações de quem Bergoglio frequentou então. Do Nobel Pérez Esquivel à ex-ministra Fernández Meijide. Ambos, pouco indulgentes com a Igreja da época, justificam o atual papa. Não só; o que lhe é imputado, ou seja, o abandono de dois sacerdotes nas garras do regime[4] — dizem — não corresponde à verdade. Com documentos à mão, posso, de minha parte, assegurar que os jesuítas, dos quais Bergoglio era provincial na Argentina, não usaram de cautelas com Videla para obter a libertação deles."

Foi uma época de barbáries. Também dessa vez a comunidade internacional ficou nas arquibancadas. A ditadura matou muitos inocentes. E, entre todos os que não eram inocentes, muitos não tiveram a justiça que mereciam.

"Também os guerrilheiros montoneros mataram", lembra Zanatta. A escolha da via violenta contribuiu para causar o golpe militar. Os revolucionários acreditavam que o povo, então, se insurgiria, mas se enganavam. A grande maioria dos argentinos, irritada por anos de violência e ideologia, não reagiu à ascensão de Videla.

Fato, talvez, pouco conhecido, muitos montoneros eram católicos. "Também eles tinham seus excelentes capelães para benzer suas armas. E muitos sacerdotes, entusiasmados pelo clima revolucionário, fizeram expresso voto pela causa montonera: foram militantes políticos com o hábito talar. Contra eles — observa Zanatta — a ditadura foi feroz. Era esse o ponto a que tinha chegado a dilaceração do país e da Igreja. E tal era o abismo em que afundou a Argentina. O que os revolucionários de

---

4. Veja a nota da p. 56 e o capítulo "O caso Jalics-Yorio", nas p. 67-73.

PRIMEIRA PARTE – O porquê de uma pesquisa

então, hoje numerosos nas salas do poder, não perdoam a Bergoglio é o que jamais perdoaram à Igreja, ou seja, ter feito cair Perón, no distante 1955, e de ter desafiado hoje, por várias vezes, os governos dos Kirchner. Esquecidos nisso de que o peronismo era, sim, popular, mas também totalitário, e que as críticas movidas ao governo argentino pelo arcebispo de Buenos Aires nos últimos anos são o sadio preço da democracia".

Há também isso por trás dos ataques desferidos contra Bergoglio. "Com a óbvia intenção de desacreditá-lo, capturando-o na rede do passado. E muitos que apontam o dedo contra a palha no olho do outro sem ver a trave no próprio não terão mais, porém, diante de si o arcebispo que tanto tinham detestado, mas o papa. Atacar sem fundamento o pontífice pode dar visibilidade, mas também pode se tornar um bumerangue."

Os capelães algozes

A prisão perpétua infligida, no dia 10 de março de 2007, a Christian Von Wernich, o ex-capelão da polícia de Buenos Aires, reabriu a polêmica sobre o papel desempenhado pela Igreja católica nos anos do regime militar (1976-1983).

Ao comentar a sentença, a diocese de Buenos Aires, à qual pertencia Von Wernich, pediu, por sua vez, "perdão e sincero arrependimento".

"Oremos por ele, a fim de que Deus o assista e lhe dê a graça necessária para compreender e acatar o dano causado", estava escrito numa nota da arquidiocese. "A dor que nos provoca a participação de um sacerdote em delitos gravíssimos", lia-se no comunicado assinado pelo cardeal Bergoglio, necessita de uma "reconciliação", insistindo sobre um ponto: a Argentina deve se libertar "seja da impunidade, seja do ódio, seja do rancor".

"Houve casos de cumplicidade como os de Von Wernich, mas, ao mesmo tempo, muitos padres não se dobraram e combateram os horrores do regime", lembra Angela Boitano, mãe de dois filhos desaparecidos. A sombria contabilidade da Guerra suja (o terrorismo de Estado efetuado na Argentina sob o regime dos militares) registra pelo menos 24 sacerdotes e religiosos executados ou desaparecidos, entre os quais, como se verá, dom Enrique Angelelli e o grupo de padres palotinos, assassinados entre 1976 e 1977, sem contar os numerosos padres presos e interrogados.

As culpas dos homens da Igreja foram resumidas no dramático *Nunca más*, o relatório conclusivo — todavia, não definitivo ainda — publicado, em 1984, pela Comisión Nacional sobre la Desaparición de Personas (CONADEP), chamada Comisión Sábato, em razão do nome de seu presidente, o escritor Ernesto Sábato[5]. Foi solicitada pelo recém-eleito chefe do Estado Raúl Alfonsín, nos primeiros anos Oitenta, para investigar os crimes da ditadura.

Um capítulo inteiro é dedicado às "Atitudes de alguns membros da Igreja".

"Os bispos da Igreja argentina condenaram repetidamente a repressão que essa Comissão investigou", adianta o texto. "Apenas dois meses tinham transcorrido desde o golpe de Estado do dia 24 de março de 1976, quando a Conferência episcopal, numa Assembleia geral, definiu como 'pecado' os métodos utilizados pelo regime. Em maio de 1977, a Conferência episcopal apresentou aos membros da junta militar um documento de cunho semelhante."

Se a posição parecia suficientemente clara, "infelizmente, alguns membros isolados do clero, com sua presença, seu silêncio ou até por meio do envolvimento direto, defenderam aquelas mesmas ações que tinham sido condenadas pela Igreja no seu todo".

"Da enorme documentação (7.830 dossiês) por nós examinados deduz-se que os direitos humanos foram violados de forma orgânica e estatal por meio da repressão exercida pelas Forças Armadas argentinas. E violados não só de modo esporádico, mas sistemático... Como não atribuir isso a uma estratégia do terror planejada no mais alto nível?"

---

5. Publicado na Itália pela Emi, com o título *Nunca más. Rapporto della Commissione nazionale sulla scomparsa di persone in Argentina* (1986).

Até a apresentação do relatório, a CONADEP calculava que as pessoas que tinham desaparecido fossem 8.960, às quais, pela primeira vez, se juntaram 24 religiosos "vítimas da repressão" e um número ainda impreciso de leigos católicos deportados clandestinamente que jamais voltaram para casa.

Serão necessários anos para chegar a uma estimativa, considerada bem mais fidedigna, de pelo menos trinta mil "sugados".

"Começava-se pelo sequestro da vítima por parte de efetivos das Forças de segurança que evitavam se identificar. Os sequestrados eram, depois, levados a um dos 340 centros de detenção clandestinos, que eram dirigidos por altos oficiais das Forças Armadas ou das Forças de segurança. Os detentos eram mantidos em condições desumanas e submetidos a todo tipo de tormentos e humilhações."

"As provas do amplo uso das torturas nesses centros e do sadismo demonstrado pelos algozes são terríveis. Registraram-se vários casos de crianças e de anciãos torturados junto com seus familiares, a fim de que esses últimos fornecessem as informações exigidas por seus carrascos".

Os testemunhos que deixam imobilizados membros do clero são dramáticos. Julio Alberto Emmed contou de cabeça baixa qual foi seu papel no episódio que envolvia o capelão, depois condenado à prisão perpétua. "Em 1977, eu era agente da polícia na província de Buenos Aires. No fim de 1977 ou no início de 1978, fui chamado pelo inspetor-chefe à presença do padre Christian Von Wernich [...]. Noutra ocasião, foi-nos explicado que devíamos soltar três subversivos que tinham se 'dobrado' durante os interrogatórios e tinham colaborado com as forças repressivas, em troca da promessa de que seriam transferidos para o exterior."

Aos três infelizes tinha sido prometida a liberdade. Uma armadilha. "Partimos em três carros. Padre Christian Von Wernich nos esperava no Grupo investigativo em La Plata. Tinha falado com os ex-subversivos, tinha-os abençoado e tinha organizado para eles um adeus junto à mesma unidade. A família (que os esperava no Brasil) tinha lhes enviado flores. Os três ex-subversivos — duas mulheres e um homem — foram autorizados a voltar livres, sem as algemas. Nós éramos simplesmente os guardas que deviam levá-los para o aeroporto e pô-los no avião. [...] O Padre Christian Von Wernich estava no carro comigo." "Às tantas, nos seria solicitada, via rádio, a nossa posição. Na realidade, aquela era a ordem do início da operação. Quando recebemos o sinal, atingi o ex-prisioneiro perto da axila, mas não consegui derrubá-lo." O outro agente que estava no carro "sacou a pistola". Quando o rapaz a viu jogou-se sobre ele, lutando pela vida. "Vi-me forçado a agarrá-lo pelo pescoço, enquanto o outro colega batia muitas vezes na cabeça dele com a arma. [...] o rapaz sangrava copiosamente; tanto o sacerdote como nós estávamos salpicados pelo sangue que lhe jorrava". As três viaturas prosseguiram por um caminho secundário em direção a uma área coberta de bosque, onde os esperava um oficial médico.

"Os três ex-subversivos, que estavam ainda vivos, foram jogados na relva. O médico deu duas injeções em cada um, diretamente no coração, com um líquido venenoso avermelhado. Dois morreram, mas o médico julgou que os três estavam mortos. Depois foram levados num furgão". Entretanto, Julio Alberto Emmed e o capelão foram trocar de roupa e, depois, chegaram ao posto de polícia. "O Padre Von Wernich percebeu que aquele fato tinha me perturbado e me disse que era necessário aquilo que tínhamos feito, que era um ato patriótico e que Deus sabia que era para o bem do país. Foram essas as suas palavras".

Outra testemunha, diante da Comisión Sábato, narrou que num dos centros de detenção clandestinos chamado La Casita, um dia, "depois da primeira sessão de torturas veio até mim um padre. Depois eu soube que era Christian Von Wernich". Quem fala é Luis Velasco, um prisioneiro que se livrara da condenação à morte. "Uma vez, ouvi Von Wernich responder a um detento que estava implorando para ser poupado: 'A vida dos homens depende de Deus e da colaboração de vocês'".

Adelina de Burgos Di Spalatro era uma mãe desesperada. Queria conhecer o destino de seu filho, Óscar Carlos Lorenzo, preso com outros estudantes. Monsenhor Grasselli, secretário do capelão militar, "disse-nos que os jovens estavam num programa de reabilitação em casas criadas para esse fim, onde eram bem tratados [...]. Disse-nos que Videla era a alma caridosa que idealizara esse plano para evitar a 'perda' de pessoas inteligentes [...]; disse que o trabalho era realizado com psicólogos e sociólogos, que havia grupos de médicos para cuidar da saúde deles e que aos irrecuperáveis 'alguma alma pia' teria dado uma injeção para os fazer dormir para sempre". Na realidade, jamais existiu algum centro para a "reabilitação" dos opositores.

A lista dos sacerdotes com fortes suspeitas de conivência com os criminosos do Estado ficava mais comprida a cada novo depoimento. "No cárcere de Caseros, por volta de março de 1980, fui submetido a sessões de tortura por parte do chefe da inspetoria, acompanhado pelo chefe da guarda e na presença do padre Cacabello", contou Eusebio Héctor Tejada.

E o sindicalista Plutarco Antonio Schaller narra: "O capelão Pelanda López visitava-me rapidamente no domingo, para batermos um papinho na cela". Durante um desses piedosos encontros, o prisioneiro implorou que intercedesse por ele: "Padre, durante os interrogatórios torturam-me terrivelmente; por favor, faça alguma coisa para impedir isso". O sacerdote respondeu: "Meu filho, o que queres, se não colaboras com as autoridades?".

Em outra ocasião, o sindicalista diz ao capelão: "Não podem continuar a me torturar desse modo". E o padre explode, num tom de quem está farto de lamúrias: "Não tens o direito de te lamentar".

E os bispos, todos cúmplices?

A intervenção do triunvirato guiado pelo ditador Videla pôde parecer a alguns, até de boa-fé, como um tapa necessário para restabelecer a estabilidade, afastando a possibilidade de a situação se precipitar numa guerra civil. A outros, e aqui de boa fé havia muito pouco, pareceu como o remédio amargo a ser ingurgitado fartamente, desde que ficasse bem longe o fantasma do "tango-comunismo".

Bergoglio ajudava as vítimas, outros prelados apoiavam o regime | 39

Os pavões do regime, exibindo suas armas, diziam terem saído a público para destruir um terrorismo não mais tolerável. Na realidade, protegiam-se com as boas intenções para agarrar o comando de um país inteiro com sistemática brutalidade.

A Carta pastoral coletiva publicada pela Conferência episcopal, no dia 15 de maio de 1976, tinha a intenção de denunciar uma passagem histórica dramática. O texto, que devia ser mediador entre as posições, acabou por excitar o regime. Os generais tiveram a confirmação de que a hierarquia eclesiástica não era capaz de elevar muito a própria voz. Por temor. Em alguns casos por cumplicidade.

Antonio José Plaza, arcebispo da cidade de La Plata, não deixou boa lembrança. Foi acusado de ser um ativo colaborador das forças de repressão. Seus detratores o acusaram de ter cooperado para a prisão de dezenas de pessoas, entre as quais um seu jovem sobrinho, José María Plaza. Em 1976, foi nomeado capelão-mor da polícia da província de Buenos Aires, naquela época comandada pelo sádico coronel Ramón Camps, com quem foi visto em numerosos centros de detenção e de tortura.

Em 1983, dom Plaza, dois anos depois da queda do regime e quatro anos antes da sua morte, concedeu uma entrevista ao cotidiano *La Voz*. A opinião do arcebispo dispensa comentários: "O processo de condenação do governo militar é uma desforra dos subversivos. Está se fazendo um Nuremberg ao contrário; os criminosos estão julgando os que derrotaram o terrorismo".

Nos primeiros anos da junta, chegavam a Roma boatos alarmantes. Bergoglio, segundo o que nos confirmaram também seus confrades do Colégio Máximo, no Centro jesuíta de San Miguel, informava regularmente seus superiores da Casa generalícia da Companhia. E não é uma fantasia supor que eles, por sua vez, referissem muitas dessas notícias à Secretaria de Estado da Santa Sé.

O papa Paulo VI estava muito preocupado por causa das informações que lhe chegavam. No dia 20 de maio de 1977, ao receber dom Plaza no Vaticano, dirigiu ao prelado uma pergunta que, por si, exprimia as ansiedades do pontífice: "É verdade que no seu país está havendo excessos execráveis contra pessoas que, embora não sendo terroristas, se opõem ao novo governo militar?". Era evidente, então, que a Roma tinham chegado relatórios bem precisos; faltava apenas o visto do episcopado argentino.

A resposta de dom Plaza foi de desdém: "Não, nada disso, Santidade! Trata-se de versões falsas e infundadas que os que escaparam e se refugiaram na Europa põem em circulação".

SEGUNDA PARTE

BERGOGLIO'S LIST. AS HISTÓRIAS

GONZALO MOSCA

O sindicalista perseguido por duas ditaduras

"Eu tinha as horas contadas. Estava desesperado". O militante uruguaio Gonzalo Mosca estava em apuros por causa do seu credo político.

Em 1977, Gonzalo tinha 28 anos. Naquela época, os generais, fazia tempo, desvencilhavam-se dos dissidentes com o mesmo menosprezo de quem espanta os mosquitos. O jovem Mosca aderia aos *Grupos de acción unificada*, uma coalizão de movimentos que tinha participado, em 1971, da fundação da "Frente Ampla", a federação de esquerda que, desde 1984, ano em que o Uruguai reconquistou a democracia, governa ininterruptamente em Montevidéu.

Gonzalo decidiu contar a sua história mal reviu nos canais, via satélite, o homem que o pusera a salvo. Para ele, as coisas na sua pátria se apresentavam de tal modo mal que precisava se proteger na Argentina. Do regime dos generais sabia-se ainda pouco. Mosca acreditava que poderia se esconder na periferia ilimitada de Buenos Aires e na vastidão dos pampas. Porém, foi de mal a pior.

Em Montevidéu tinham se estabelecido cinco unidades militares que ditavam leis nos oito centros clandestinos de prisão e nos nove cemitérios secretos, destinados desde 1971 à "Juventud Comunista".

Tendo chegado a Buenos Aires, o jovem de cabelos eriçados refugiou-se na casa de um amigo. A proteção não aguentou muito tempo. "O exército argentino veio me procurar quando, felizmente, já

45

tínhamos escapado do apartamento", conta Mosca a trinta e seis anos de distância.

O zelador do prédio o tinha avisado: "*Te matarán*". Mas para não terminar morto só lhe restava percorrer uma via. Um caminho, para alguém como ele, cheio de armadilhas: pedir ajuda aos padres.

De um aparelho público Gonzalo conseguiu, por sorte, telefonar a um dos seus irmãos, um jesuíta residente na Argentina. O padre Mosca não podia dar uma ajuda imediata, mas sabia a quem se dirigir.

Poucos dias depois, o jovem jesuíta chegou à capital argentina, onde seu irmão, "o *compañero* Mosca", contava os minutos que o separavam de um epílogo já escrito. Tinha uma única dúvida: os militares de Buenos Aires o matariam na Argentina ou o remeteriam aos meticulosos cuidados dos seus colegas uruguaios?

Quando o padre Mosca entrou em contato com quem fora seu professor de filosofia, teve uma resposta como quem dita um telegrama. Fazia assim todas as vezes que a situação se tornava séria: "Traga-me teu irmão, procurarei ajudá-lo". O padre Bergoglio chegou de carro ao lugar combinado. Com ele não havia mais ninguém. As sensações daquelas horas, Gonzalo Mosca ainda as tem escritas no seu rosto de sobrevivente. Sorri ao falar disso. Naquele dia, porém, sentia que não resistiria ao medo.

Contada hoje, parece a missão impossível de um temerário agente secreto. O padre Bergoglio conhecia bem Buenos Aires, onde nascera e onde vivia por quarenta anos. E conhecia as obsessões, as manias, os tiques dos militares. "Durante o trajeto, disse-me para não me deixar ver pelas janelas do carro. Em cada canto das ruas havia soldados". O medo cresce e os pulmões parecem não conseguir encontrar mais um respiro de oxigênio. Cinquenta quilômetros que pareciam cinco mil. Imprevistas mudanças de direção, desvios das estradas principais para as secundárias. Os olhos do jesuíta a interrogar os retrovisores a intervalos regulares.

Nem mesmo as igrejas eram mais um abrigo seguro. Aos padres traidores, aos medrosos, aos que abertamente defendiam o regime juntavam-se os infiltrados. E não era difícil, naquela capital com muitos olhos e orelhas demais.

As caminhonetes escuras estavam disseminadas por toda a parte, em todos os cantos. Algumas paradas, outras sempre cantando os pneus, como matilhas de cães de caça ocupados freneticamente em marcar o território. Em incutir medo pelo simples fato de estarem em movimento. Não, não se podia confiar nem mesmo na ida à igreja. Não se sabia mais quem entrava para um pai-nosso, uma ave-maria, um glória e quem saía para ir mexericar.

Buenos Aires é uma cidade perfeita para o controle do território, palmo a palmo. Como muitas metrópoles de história bem recente, a capital federal é um reticulado que não deixa surpresas aos militares. Os quarteirões são blocos quadrados, as ruas bem amplas, nenhuma viela escura, nenhum labirinto de trajetórias imprevisíveis. Impossível escapar aos pelotões. Para quem nela vive, Buenos Aires é um emaranhado sem segredos. Sabem-no os ingleses. E também os espanhóis. Os primeiros, caçados no mar com suas guarnições, em 1807. Os segundos, enviados nas caravelas pela Revolução de Maio, de 1810, quando um povo que logo se tornou nação decidia se autodeterminar.

Todavia, nos anos da Guerra suja, muitos deram um jeito de não ouvir e de não olhar. Também a Igreja acabaria aos pedaços. Com a credibilidade a ser reconquistada e uma comunidade a ser reconstruída.

Não eram apenas as Ford Falcon repintadas de verde que aterrorizavam. Elas, pelo menos, se faziam reconhecer. As *patotas*, os bandos de espancadores e de sequestradores à paisana, porém, podiam se esconder entre os motoristas em fila para encher o tanque, ou se camuflar de operários, a bordo de velhas caminhonetes que atravessavam os bairros da periferia.

Finalmente, algo familiar fez Gonzalo parar de tremer. "Meu irmão tinha estudado em San Miguel, com os jesuítas. Reconheci logo o lugar". Gonzalo não ficou por muito tempo na casa da Companhia. "Foram, no máximo, quatro dias". Foi o que bastou para o padre Bergoglio organizar a fuga. "Apresentou-me como um estudante que desejava participar de um breve retiro espiritual". Afinal, não era lá uma grande mentira.

Quem quer que se encontrasse naquela situação, naquele lugar, com aquele desinibido jesuíta, acabava por se perguntar o que e quem levava um sacerdote ainda jovem a arriscar por conta própria, até pondo em perigo seus confrades, para salvar os que, no fundo, eram desconhecidos, com ideias discutíveis, até anticlericais. "Enquanto trabalhava para a solução do meu caso, Bergoglio — lembra Gonzalo Mosca — vinha me encontrar toda noite. Falávamos muito. Sabia que eu estava muito tenso e que não conseguia pregar o olho. Deu-me romances de Borges e até um rádio para fazer passar o tempo e me manter informado."

Ajudar dissidentes a fugir não era apenas uma operação cheia de riscos. Havia a possibilidade concreta de acabar diretamente nas garras dos carrascos. Por essa razão, o padre Jorge conseguira construir uma rede de apoio no Brasil, de modo a facilitar o sucesso das fugas. Na realidade, nenhum dos que pertenciam ao "sistema Bergoglio" sabia que dele fazia parte. Cada qual fazia um único preciso favor ao provincial argentino: um arranjava uma cama para algumas noites, outro, uma carona no carro, este dava uma palavrinha com os funcionários consulares europeus, aquele arranjava as passagens aéreas. Uma organização de compartimentos estanques. O único modo para que o risco fosse mínimo e as informações circulassem o menos possível, mesmo entre os jesuítas.

Não era uma cautela sem motivos. Anos depois, conseguiu-se provar o que era mais do que uma suspeita. Em toda a América Latina tinham se seguido, segundo uma ordem plausivelmente não casual, uma série de golpes militares, do que se deu no Brasil, em 1964, ao da Argentina, em 1976. Um grande 'Risco' [jogo de tabuleiro e de estratégia, ndt] que passaria à História como "Plano Condor", uma vasta operação de repressão organizada pelas juntas militares do subcontinente para caçar os opositores.

Segundo alguns estudos independentes, aderiram ao Plano Condor, além do Chile de Pinochet e da Argentina de Videla, também o Uruguai, o Brasil, o Paraguai e a Bolívia. Uma primeira reunião dos serviços secretos relativos ao Plano deu-se em Santiago do Chile, entre os dias 25 de novembro e primeiro de dezembro de 1975. A iniciativa foi do fundador da polícia secreta do general Pinochet, Manuel Contreras, com o tácito consentimento dos Estados Unidos, que, depois da instauração do comunismo cubano, pretendiam bloquear o contágio socialista no resto do continente.

Um ex-general brasileiro admitiu que na época das ditaduras havia entendimentos entre países sul-americanos para a prisão e a restituição dos dissidentes. Os opositores estrangeiros que se refugiavam no Brasil "não os matávamos — explicou o ex-general Agnaldo Del Nero à imprensa local —; o objetivo era prendê-los e restituí-los" às nações de origem. Como chefe, em São Paulo, do Centro de Informações do Estado Maior (CIE), nos anos Setenta e Oitenta, Del Nero esclareceu que, quando os militares brasileiros recebiam informações sobre um estrangeiro suspeito que estava para ingressar no país, a prática era prendê-lo e mandá-lo de volta. "E foi isso o que aconteceu com aqueles dois italianos", garantiu a respeito dos ítalo-argentinos Horacio Domingo Campiglia e Lorenzo Vinas, militantes dos montoneros. Campiglia foi aprisionado, em março de 1980, no aeroporto do Galeão, no Rio de Janeiro, proveniente da Venezuela, e Vinas foi preso, em junho de 1980, em Uruguaiana, no Estado do Rio Grande do Sul.

É fácil intuir quais seriam os temores de Jorge Mario Bergoglio. A Argentina tinha fronteiras com países submetidos a alguma ingerência militar. Mas o Brasil, por sua vastidão e pela capilar presença dos jesuítas, prestava-se mais do que outros a oferecer abrigo aos fugitivos. Em nenhum caso, porém, era possível que isso acontecesse com voos internacionais.

O padre Jorge estava a par disso. Nos dias em que Gonzalo Mosca estava escondido no cômodo que lhe ofereceram no Colégio de San Miguel, o chefe dos jesuítas argentinos deu acabamento às três etapas que haveriam de fazer o jovem militante ganhar de novo a liberdade.

"Tomarás um avião de Buenos Aires até Puerto Iguazú, na fronteira entre Brasil e Paraguai. Dali entrarás no território brasileiro." Com uma passagem para um voo interno, Mosca chegaria ao Norte da fronteira. A travessia deveria acontecer de modo clandestino, a bordo de um barco. Depois, tendo chegado ao Brasil, o uruguaio haveria de ficar sob os cuidados de outros jesuítas que, depois de breve estada, o haveriam de pôr num voo para a Europa. Um plano mirabolante.

Para que funcionasse, Gonzalo teria de superar uma série de obstáculos que fariam tremer, só de imaginá-los: não levantar suspeitas com os agentes do aeroporto de Buenos Aires, despistar os guardas da fronteira argentinos e brasileiros, subir até o Rio de Janeiro, evitando os bloqueios e, enfim, conseguir uma reserva aérea ou uma passagem de navio para a Europa, não antes de ter recebido um nada consta das autoridades consulares do país escolhido para o exílio.

O jovem uruguaio confiou. "O padre Jorge não só me acompanhou até o aeroporto, como veio até a porta para o avião" e deixou o saguão de espera somente quando o avião levantou voo.

O plano aconteceu como tinha previsto o provincial. A travessia do rio Paraná, não distante das majestosas cataratas do Iguaçu, onde, subindo a corrente do rio, se pode chegar ao Brasil ou ao Paraguai. Depois, um novo período de "formação espiritual" na comunidade da Companhia, no Rio de Janeiro. Enfim, a ambicionada aterrissagem no ultramar.

Hoje, Gonzalo Mosca é um conhecido sindicalista. Como na época, está do lado dos trabalhadores uruguaios. Não é daqueles que se dizem um tipo "casa e igreja". Pelo menos até quando viu que um padre fora do comum, como lhe pareceu Bergoglio, pode se tornar papa.

No país houve pelo menos duzentos desaparecidos. Proporção reduzida em relação ao extermínio dos opositores na vizinha Argentina. Mas também no Uruguai foram milhares as pessoas perseguidas e outras tantas as que fugiram para o exterior. A técnica dos desaparecimentos praticados em Montevidéu foi depois aperfeiçoada pela junta Videla.

"Sempre me perguntei — continua a se interrogar o *compañero* Mosca — se Bergoglio tinha consciência do risco que assumira. Se nos tivessem aprisionado, tê-lo-iam acusado de proteger um subversivo, pondo em perigo todo o instituto dos jesuítas."

50 | SEGUNDA PARTE – Bergoglio's list. As histórias

Também dessa vez as autoridades não suspeitaram de nada. "Não sei quantos outros se comportariam do mesmo jeito. Não sei se alguém, afinal, teria me salvado sem nem me conhecer".

A quem lhe pergunta se teria uma explicação, Mosca responde: "Recebi uma educação católica dos jesuítas. Meu irmão é um jesuíta. Esses são seus valores. Pelo que os conheço, são assim mesmo".

ALICIA OLIVEIRA

Na clandestinidade junto com o padre Jorge

"Certamente, não é preciso que me expliquem quem é Jorge Bergoglio. Fez expatriar muitos perseguidos, pondo em perigo a sua vida. Que mais querem?" Alicia Oliveira foi a primeira mulher a se tornar juíza na Argentina, em 1973. Os militares queriam se desembaraçar dela. Começaram a destruir tudo em torno dela. Foi removida do cargo, licenciada pelo ministério da Justiça, procurada pela polícia. Viu-se até como a primeira juíza mulher procurada pelo governo, em 1976. Uma primazia de que abriria mão, mas da qual, afinal, se orgulha.

"Vi-me uma desempregada. Quando soube que me haviam despedido, Jorge me enviou um belo buquê de rosas", lembrou Oliveira numa longa entrevista ao *Clarín*, o mais difundido diário argentino.

Poucos minutos depois da eleição do romano pontífice, o telefone de Alicia começou a tocar continuamente. Inumeráveis jornalistas lhe pediram uma opinião sobre o novo papa. Respondeu: "Minha opinião é de uma amiga. Para mim Jorge é um amigo, não o cardeal nem o papa. Tenho a máxima consideração por ele. É um grande homem, preocupado com os que sofrem".

Quando, à distância de dois meses, entrei em contato com ele para reconstruir suas desventuras na época da junta, pediu, com a costumeira elegância, para poder voltar a se calar. "Já se discutiu muito sobre isso."

Falou de Bergoglio em várias entrevistas e nos depoimentos no tribunal. Conheceu-o no período da perseguição. Videla pessoalmente tinha ordenado que se desembaraçassem dela junto com outros ativistas

| 53

do CELS, o Centro de Estudos Sociais e Legais, que se tornara um espinho no flanco dos militares. Tinham preparado para ela um lugar no necrotério. Mas, graças ao padre Jorge, o regime foi burlado. O sinal foi uma *blitz* dos militares. Quando irromperam nos escritórios, levaram todos os presentes. E ordenaram que os ausentes fossem procurados até mesmo em suas casas.

"Consegui escapar — conta Alicia — porque eu, ao me dirigir à estação para tomar o trem, tinha deixado o CELS um pouco antes que os militares entrassem pela porta adentro. Quando soube o que acontecera, tive de encontrar um esconderijo e ali ficar por mais de dois meses, até que a situação parecesse mais tranquila."

A clandestinidade não estava no programa. E aos incômodos daquela situação acrescentavam-se outros. Alicia Oliveira era mãe de três filhos pequenos. Um deles, de tanto em tanto, acordava à noite, gritando. Um pesadelo constante: temia que "os homens maus" levassem embora sua mamãe.

Durante a fuga, Alicia teve mesmo de se afastar de seus filhos. Dias terríveis, pensando em como escapar ao regime e, ao mesmo tempo, tranquilizar as crianças, garantindo que a mamãe não os tinha abandonado e não acabara na prisão. Mais do que tudo, Alicia temia que seus filhos a considerassem desaparecida. A ideia de eles sofrerem um trauma tão violento não a deixava mais dormir.

Oliveira conhecia Bergoglio havia cerca de quatro anos. Tinham se tornado amigos, embora ela não fosse uma mulher casa e igreja. O padre Jorge, como sempre fazia nesses casos, foi delicado, mas honesto. "Estás em perigo de vida", disse-lhe. E lhe ofereceu uma solução: "Vem ficar aqui no Colégio conosco. Poderás ver os teus filhos e ficar em local seguro. Entretanto, tentaremos ver como resolver a situação".

"A ir viver com os padres, prefiro me fechar na cela", respondeu Alicia. E não houve jeito de convencê-la.

Nesse momento, o padre provincial poderia despedi-la, desejar-lhe toda sorte, lembrar-se dela nas orações e ir fazer outra coisa. Fizera o possível para ajudá-la e, decerto, não haveria de se sentir culpado pela recusa proferida por uma desconfiança anticlerical. Havia também outros — muitos outros — a serem protegidos e não podia se pôr a fazer súplicas à única que rejeitava o salva-vidas que lhe fora lançado. Mas não. O padre Jorge resolveu tudo. Foi ele quem encontrou um modo de aliviar pelo menos um pouco o sofrimento naquela situação. Através de uma passagem secreta, um corredor que poucos conheciam, Alicia Oliveira podia encontrar os seus filhos dentro do instituto. Não eram encontros isentos de risco. O padre Jorge ia levá-la de carro ao lugar combinado. Era muito hábil na direção. Entre uma curva e outra, talvez rezasse. Todavia, pisava com prudência no acelerador. Às vezes, mudando de direção, como se não tivesse uma meta precisa.

O sedã escuro em que se deslocava não dava na vista, e ele não era o tipo de motorista que cantava pneus em ruas de terra batida. Se os agentes o mandassem parar, não só não se sairia bem, mas provocaria, sabe lá, que perguntas. Naquela época, quem quer que andasse a toda era considerado suspeito. Imaginem um jesuíta. Em tudo isso tinha de pensar o padre Jorge. Entretanto, certificava-se de que não estava sendo seguido. E o que teriam dito se o tivessem descoberto com uma mulher no porta-malas ou agachada no banco de trás? Ninguém haveria de acreditar na historinha do romântico jesuíta de quarenta anos surpreendido durante uma escapadela. Não que não haveria de convir aos governantes desacreditá-lo com uma história de mulheres. Pensem nas manchetes dos jornais e dos noticiários das televisões controladas pelo regime. O chefe dos jesuítas argentinos flagrado com a defensora dos direitos humanos.

Mas isso não lhe importava. Interessava-lhe apenas que Alicia não corresse perigo nem que seus filhos ficassem assustados.

Sabe lá quantas vezes, ao avistar a grade que delimita o parque do Colégio Máximo, deve ter agradecido à Providência por ter conseguido voltar incólume.

"Assim, do meu esconderijo eu ia até dentro do Colégio." Até duas vezes por semana. Por dois meses, aquela temerária viagem foi enfrentada pelo menos umas dez vezes. O suficiente para que Alicia Oliveira não tivesse mais dúvidas quando se perguntava de que lado estaria o Criador.

A reconstrução da jurista pode contar com uma testemunha ocular abalizada e independente. Uma personalidade política que milita na formação da *presidenta* Cristina Fernández de Kirchner, notoriamente de pouca simpatia por Bergoglio. É o atual ministro da Segurança Nilda Garré, amiga de velha data de Alicia Oliveira e, sobretudo, sua cúmplice nos meses de clandestinidade. Foi Garré, com efeito, que escondeu a magistrada expulsa pelos generais nos dias em que era procurada pela polícia.

"Jorge tinha uma opinião terrível da ditadura, a mesma que tinha eu", assegura Alicia Oliveira. Os ataques que lhe foram movidos antes e depois da eleição ao trono de Pedro foram "uma verdadeira infâmia, acusações políticas, mas ele jamais quis exacerbar os tons".

Quando a situação se tornou menos perigosa, pôde voltar a frequentar o círculo de Bergoglio sem precisar se esconder continuamente. Os militares acreditavam terem levado a melhor. Alicia era apenas uma senhora culta e desempregada. E o provincial, aos olhos deles, não era o primeiro inimigo público. Uma vez, um dos grandes acusadores de Bergoglio, o jornalista e ex-montonero Horácio Verbitsky[6], disse do jesuíta: "é um ator". Tinha razão, mas não no sentido que ele entendia. No plano da imagem, com efeito, o padre Bergoglio conseguira fazer os militares crerem que estava fechado no Colégio, esperando que soprasse vento de bonança, enquanto tecia uma rede clandestina para dar cobertura e salvar dezenas de pessoas.

---

6. Autor de *L'isola del silenzio. Il ruolo della chiesa nella dittatura argentina*, Fandango Libri, 2006. Ele suspeitava de Bergoglio com base em alguns testemunhos de dois sacerdotes sequestrados e depois libertados, os padres Yorio e Jalics (veja aqui p. 67-77). Depois da eleição do papa Francisco, renovou suas acusações no diário *Página 12*. Mas nos dias seguintes padre Jalics (Yorio morrera em 2000) declarou à mídia que agora considerava um erro afirmar que o seu sequestro e o de Yorio, em 1976, tivessem acontecido em razão da denúncia do então superior provincial jesuíta. Verbitsky, portanto, admitiu que essa última declaração de Jalics eximia Bergoglio de toda responsabilidade. Cf. H. VERBITSKY, *Pasado pisado*, in <http://www.pagina12.com.ar/diario/elpais/1-216255-2013-03-21.html>.

"Nós nos víamos duas vezes por semana", recordou Alicia Oliveira. "Ele acompanhava os sacerdotes; confiava em mim e me contava o que estava acontecendo. Quando alguém tinha de sair do país porque não podia ficar na Argentina nem mais um minuto, era saudado com um almoço. E Bergoglio jamais faltava."

E há mais. À distância de anos, descobrimos um pormenor que, sozinho, vale a cena principal de um *thriller* hollywoodiano. O presidente Videla urdia seus planos diabólicos de dentro dos salões da Casa Rosada, a menos de duzentos metros da Catedral, com a qual partilha da sugestiva Plaza de Mayo. A poucos passos, ao longo da viela que adentra o característico bairro de Monserrat, está a igreja de Santo Inácio de Loyola, tendo, anexa, a residência dos jesuítas e escola católica.

Também ali Bergoglio encontrava Alicia Oliveira junto com outros perseguidos. Ali aconteciam os almoços para saudar os que eram esperados sob a cobertura numa das barquetas que transportavam fruta e mercadorias, indo e vindo entre Buenos Aires e o Uruguai, a uma hora de navegação. Jamais os militares teriam podido imaginar que Bergoglio conseguiria isso debaixo do nariz deles. Demasiadamente arrogantes para pensar que o padre provincial e o bando de dissidentes que ele protegia teriam a coragem de vir se apascentar bem ao pé da Casa Rosada. Ninguém teria a audácia de perpetrar tal afronta. Não se podia supor que a igreja de Santo Inácio se tornaria uma articulação nevrálgica da "lista" de Bergoglio.

ALFREDO SOMOZA

O literato salvo sem que o soubesse

Era um rapazinho quando acabou na mira da polícia. E permaneceria por muito tempo, até a universidade. Amava a história e a literatura. Imprimia uma revista literária, *Viramundo*, em torno da qual orbitavam outros adolescentes com a ideia fixa dos livros. Demais para a junta militar, obcecada pela construção de uma nova ordem baseada na anulação do passado, como a tentar uma massiva lavagem cerebral.

"No início ninguém conseguia imaginar o que realmente estaria acontecendo. Não se sabia das prisões clandestinas nem dos desaparecidos. Pensávamos que tivessem sido levados para alguma parte, presos ou até 'reeducados'". Alfredo Somoza é agora um conhecido jornalista. Versado em política internacional, vive na Itália, em Milão, onde, aliás, preside o Instituto de Cooperação Econômica Internacional (ICEI).

Quando fala daqueles anos, não deixa transparecer desgostos. Conserva o tom e o léxico imperturbável do analista independente. Como um cirurgião que sabe onde cortar com o bisturi, adianta que "sob qualquer regime, a Igreja escolhe o perfil baixo, que lhe permite operar do melhor modo possível, permanecendo próxima dos próprios valores". No caso da Argentina, porém, "a instituição eclesial estava fortemente comprometida com o poder ditatorial. Não os jesuítas; a história da universidade onde pude estudar, eu que era considerado um dissidente, é muito clara. Salvaram muitas vidas; eu fui testemunha ocular disso".

O olhar do cronista e a lucidez do estudioso fazem de Somoza um protagonista de exceção. Não reivindica para si uma história de cristão perseguido. Não faz o papel do indômito opositor obrigado a se exilar. Todavia, sua história é exemplar.

De boa família, cultivava desde o liceu a paixão pela literatura e pelas pesquisas antropológicas e arqueológicas. Um perfeito subversivo... Isso, pelo menos, é o que pensavam os militares que, depois de várias intimidações, o arrastaram, em 1978, para um comissariado e lá o mantiveram por uma semana. Justamente o tempo para decidir para que centro de detenção clandestino transferi-lo.

Somoza morava numa arejada casa da Villa Devoto, o bairro burguês na fronteira com a imensa província de Buenos Aires, conhecido pelos espaços verdes hoje devorados pelo cimento selvagem. Frequentava a jesuítica Universidad del Salvador, em San Miguel, nos anos da ditadura, quando o futuro papa dirigia a Companhia de Jesus. "Estamos falando da única universidade de Buenos Aires na qual podiam estudar os dissidentes." A Estatal tinha sido esterilizada, com o banimento de Marx e de qualquer referência à cultura de esquerda. O Processo de reorganização nacional realizava-se pelo aniquilamento das oficinas culturais do país, desde então controladas pelos homens do regime.

Por que, afinal, um rapaz com mania de coisas antigas deveria ser considerado um subversivo não é difícil de intuir. "No meu caso, não era saudável aproximar-me da Universidade Estatal. Eu tivera problemas, digamos assim, no tempo do liceu, quando era um dos delegados dos estudantes. Um compromisso de pouca importância. Todavia, era o suficiente para acabar na lista negra dos subversivos. Infelizmente, eu não era o único a me ver naquela situação. A eles, como a mim, não restavam senão duas possibilidades: abandonar os estudos ou fazer a inscrição na universidade dos jesuítas."

De fato, a administração da universidade do Salvador tinha sido entregue aos leigos, "mas ficara sob a influência direta da Companhia e isso a preservara do condicionamento do regime. Uma espécie de zona franca da cultura". Embora sem desempenhar cargos diretos, o padre Bergoglio constituía uma espécie de seu "reitor *in pectore*".

Alfredo Somoza adianta: "Não sou crente nem muito menos batizado. Todavia, afirmo que na Universidad del Salvador se respirava um ar de liberdade, como em nenhum outro lugar de Buenos Aires. A autonomia acadêmica permanecera intata. Estando lá, parecia que o regime jamais tinha existido. Já a Estatal tivera de fechar alguns cursos de graduação, como Sociologia e Antropologia, considerados um viveiro de opositores".

Quando Videla e companhia tomaram para si o país, Alfredo tinha 18 anos. Aos 20, como se disse, "fui sequestrado e preso num comissariado". Isso foi em 1978. "Fiquei ali por uma semana. Vivia como num limbo, não sabia o que seria feito de mim". Enquanto os militares discutiam se entregá-lo aos cuidados da ESMA, do Olimpo ou de algum outro matadouro, alguém — é melhor que permaneça anônimo — "conseguiu tirar-me de lá em tempo, antes que me fizessem desaparecer".

As contas ficaram em aberto. Chegou a hora da universidade. "No ateneu do Salvador, graças a Bergoglio, vivíamos como numa bolha suspensa. A junta tinha desfeito e proibido todo tipo de representação, das sindicais às estudantis. Também em nossas faculdades tínhamos de nos adequar". Bergoglio levava muito a sério as normas do regime. Pelo menos, era essa a impressão que ele queria dar.

"Na realidade, os jesuítas atuavam nos bastidores, como aconteceu no caso dos dois sacerdotes presos [os padres Yorio e Jalics, *nda*], torturados e libertados depois de seis meses e a cuja história foi dado destaque pelo jornalista Horacio Verbitsky. Falou-se disso em todo o mundo. Verbitsky perguntava se Bergoglio poderia ser considerado responsável pela prisão deles; penso, porém, que foi graças ao trabalho dele e de todos os jesuítas que os dois religiosos saíram vivos, quando, naquele período, era muito mais frequente desaparecer para sempre", observa Somoza.

Alfredo tem hoje 55 anos. As toxinas do regime não tiveram sobre ele o efeito de um envelhecimento precoce. Modos gentis, mas tom firme, Somoza não é tipo de dar descontos. Seu programa na *Rádio Popular* e seus numerosos ensaios são cordialmente impiedosos em relação ao capitalismo selvagem e às injustiças sociais. Continuou o mesmo dos tempos da universidade.

"Eu estudava Arqueologia com os jesuítas, porque, para nós, era como sempre a universidade dos jesuítas e ali ninguém te pedia a certidão de batismo nem a folha-corrida. De uma hora para a outra a junta tinha abolido qualquer forma de representação. Também na Universidad del Salvador eram todos obrigados a observar as novas leis. Mas é sabido como são os jesuítas. Uma vez, Bergoglio, sem muitos rodeios, nos deu a entender que eles ficariam contentes se nós, estudantes, indicássemos, de modo 'confidencial', alguém que nos representasse e eles, de maneira igualmente informal, viriam de tanto em tanto para um bate-papo conosco."

Era o modo de contornar as estúpidas normas dos militares, sem que as pessoas envolvidas corressem risco.

"Foi assim que conheci o padre Bergoglio. Sempre nos aconselhou a não arriscar, que não valia a pena, no sentido de que daquela situação não se poderia sair com a violência, e nos dissuadia de nos metermos em confusão. Parecia encontro de amigos num bar. Falávamos de futebol, jogando conversa fora. Depois, com aquele ar descontraído, mas com o olhar sério, dizia alguma coisa nada superficial. Era a sua palavra de ordem com os estudantes: *No te la creas*, nos repetia."

Entre os estudantes, tornou-se uma espécie de mantra. Um mote, um modo de falar, quando nos encontrávamos na rua ou nos raros momentos de distração. "*No te la creas* quer dizer algo como 'não creias nisso', mas também 'não sejas presunçoso'. Com essa expressão, Bergoglio queria nos pôr de sobreaviso". Parecia querer dizer: "Rapazes, não engulam tudo o que se diz por aí, não bebam afirmações que não tiverem verificado e de que não estejam convencidos, tampouco tenham a pretensão de saber tudo".

O estranho é que, na Argentina daquela época, fosse um padre a falar assim. "Mas ele era Bergoglio, e já se entendia que por trás do aspecto jovial, de maneiras informais, às vezes aparentemente ingênuas, estava um homem a quem não se podiam contar histórias."

No país, a informação era totalmente controlada pela junta; jornais e televisão não eram mais que uma arma, sujeitando a massa. "Mas aquela universidade foi para nós um bote salva-vidas. Seja sob o ponto de vista cultural, seja, como no meu caso, para salvar a vida". A máquina repressiva ia a pleno vapor. Também a máquina de Somoza imprimia com obstinada regularidade. Falava-se de poesia, de literatura, de um pouco de história. Nada de política. O inocente jornal publicado por conta própria foi logo incluído entre a imprensa subversiva. "A ditadura, depois de ter esterilizado a informação, tinha proibido qualquer nova publicação. Não nos restava outra maneira senão imprimir na ilegalidade", explica Somoza. Um ultraje que os militares não podiam tolerar.

A armadilha foi acionada por correspondência. Foi em 1981. As tensões internas na cúpula dos militares tinham culminado com o revezamento entre Videla e o general Viola. O regime já estava em dificuldade e a repressão se tornou ainda mais cruel. À casa de Somoza chegou uma curiosa convocação: "Fui convidado a me apresentar numa repartição do governo para aprofundar questões não bem identificadas, que me diziam respeito".

Não havia muito o que entender. "Os serviços secretos tinham conseguido chegar até quem estava por trás daquele jornal clandestino. A carta estava assinada pelo presidente da República, o general Viola em pessoa, que me convidava a participar de um encontro".

"Eu não podia ficar na Argentina nem mais um minuto", conta Alfredo. "Avisei os amigos e me escondi numa daquelas barcas que vão e vêm entre Buenos Aires e o Uruguai, a menos de uma hora de navegação".

A poucas pessoas de confiança Alfredo explicou que haveria de subir até São Paulo, no Brasil. "Desde rapaz eu tinha a carteira de habilitação náutica. Era claro que eu tinha terminado, talvez para sempre, com a Argentina e com os estudos universitários. Pensei em procurar um emprego no porto de Santos."

Alfredo decidiu se virar sozinho, sem ajuda.

"Quando cheguei a São Paulo aconteceu uma coisa que ainda hoje não consigo explicar. Parecia que todos estavam à minha procura. Fui contatado por pessoas próximas aos jesuítas brasileiros, gente da cúria da diocese de São Paulo. Foi assim que fui inserido no circuito dos foragidos, não só da Argentina, dirigido pela arquidiocese de São Paulo, sob a guia do cardeal Arns. Havia algumas 'casas protegidas', onde mantinham os fugitivos como eu. E isso apesar de também no Brasil haver uma ditadura, a qual, porém, pareceu a mim, habituado à repressão argentina, bem tolerante. A diocese paulista, que trabalhava junto com a agência da ONU para os refugiados (ACNUR), dava-nos amparo econômico, tanto que as Nações Unidas enviavam justamente para as estruturas da Igreja as pessoas que pediam ajuda."

Naquela época, Somoza não tinha ainda o passaporte italiano e os funcionários das Nações Unidas o aconselharam a pedir asilo político ao Brasil. Na realidade, alguém já tinha pensado nisso. "Pela diocese de São Paulo fiquei sabendo que tinha sido preparada para mim uma rota de fuga clandestina, com a cumplicidade de funcionários de uma conhecida companhia de armadores italianos, que, havia tempo, escondiam nos navios de carga as pessoas a serem postas a salvo na Europa."

A viagem durou um mês. "Foi preparada para mim até uma cabine reservada ao armador. Bastou desembarcar em Gênova e tomar o trem para Milão, onde poderia recomeçar. Somente depois é que soube que eu não fora o único a se beneficiar de tal organização. Muitos outros tinham seguido os mesmos trâmites."

Restava, porém, uma pergunta: quem estava por trás daquela complexa máquina de salvação, com assistência econômica, com a organização das expatriações ilegais?

"Depois de várias indagações conseguimos descobrimos que todas essas inesperadas facilitações envolviam pessoas que tinham estudado com os jesuítas ou que tinham estado em contato com eles. Na realidade descobrimos isso muito tempo depois. Diversos outros chegaram à Itália com passaportes concedidos pelo então cônsul italiano Enrico Calamai, hoje condecorado com a máxima honraria argentina, o qual ajudava os perseguidos a fugir do país, contrariamente à linha 'oficial' da embaixada, e também aqui houve casos de pessoas necessitadas de ajudada 'apresentadas' ao cônsul pelos jesuítas."

A dedução é simples: "Quem era o chefe dos jesuítas na Argentina? Era pensável imaginar que tudo isso acontecesse sem o seu envolvimento direto?", pergunta Somoza.

"Bergoglio interveio em vários casos. Lembro-me de uma moça de quem não se tinham mais notícias. Padre Jorge se interessou pessoalmente e descobriu que tinha sido morta durante um conflito armado, durante um bloqueio militar. Não foi uma boa notícia, mas naquela época saber até qual fim tinham tido os desaparecidos era uma missão impossível. Num outro caso, um estudante foi ajudado a chegar até Córdoba, onde os jesuítas tinham dado início a uma organização para fazer escapar para o exterior, sobretudo para o Brasil, as pessoas na mira da ditadura, não somente argentina, mas também do Paraguai."

De protagonista daquela fase de uma história cruel e de observador desencantado, Somoza afirma que tentar "reduzir o valor até simbólico da eleição do cardeal Jorge Mario Bergoglio, arcebispo de Buenos Aires, à polêmica sobre suas supostas culpas durante a ditadura militar argentina dos anos Setenta revela uma visão muito redutiva dos desafios que este pontificado deverá enfrentar".

A Igreja argentina, sob a ditadura, "dividia-se entre uma pequena minoria de resistentes, na maior parte mortos pelos militares, um importante setor das hierarquias que se maculou na cumplicidade direta e uma área 'indefinida', constituída por sacerdotes e ordens religiosas que, embora não condenando publicamente o regime dos generais, nunca o aprovaram e, muitas vezes, conseguiram salvar a vida de muitas pessoas". Bergoglio e a Companhia de Jesus "situavam-se certamente entre esses últimos".

Alfredo Somoza | **65**

O CASO JALICS-YORIO

"Não fomos denunciados por Bergoglio"

Dos arquivos dos serviços secretos veio à tona um processo "classificado" que, por anos, fora considerado verdadeiro. Uma etiqueta *top secret* com as frias palavras: "Diretor do culto, classificador 9, fichário B2B, Arcebispado de Buenos Aires, documento 9". A polícia política argentina anotava: "Apesar da boa vontade do padre Bergoglio, a Companhia Argentina [a referência é aos jesuítas, *nda*] não fez tábula rasa internamente. Os jesuítas espertos ficaram à parte por algum tempo, mas agora com grande apoio de fora, de certos bispos terceiromundistas, começaram uma nova fase".

Até que ponto as avaliações dos espiões de um regime ditatorial sejam objetivas, justas e confiáveis, tudo tem de ser revisto. Naquele tempo as palavras eram balas. Nos anos da junta militar do general Videla, a máquina da lama trabalhava ativamente.

O documento reservado insinua que o padre Bergoglio era um colaborador do regime. Mas por que os serviços secretos teriam posto o preto no branco, anotando aquele "Apesar da boa vontade do padre Bergoglio" num dossiê que poderia cair em mãos inimigas? As contas não batem. A ficha secreta não atribui à "fonte Bergoglio" nenhuma alcunha como código, nenhuma identidade protegida, ao passo que para outros informantes e agentes duplos eram usados nomes especiais. Se o provincial dos jesuítas tivesse sido um informante útil dos serviços, por que o regime tão atento a proteger a si mesmo haveria de correr o risco de "queimá-lo"?

67

A acusação de um Bergoglio conivente não se sustenta, também por outra razão: como se pode incluir entre os colaboradores alguém que "não fez tabula rasa"? Na ficha, os jesuítas são acusados de não terem corrigido a rota "terceiro-mundista", em oposição à junta militar. Quem deveria ter indicado a rota senão Bergoglio, que era o chefe deles na Argentina? A referência à "boa vontade" parece, portanto, uma injeção de veneno, um respingo de lama para minar a credibilidade do religioso já nos anos do regime, ou que teria permitido consumar uma vingança a seguir. Com efeito, com Bergoglio aconteceu uma e outra coisa.

Em 2010, interpelado pelo tribunal federal como "pessoa informada sobre os acontecimentos", o futuro papa — como se pode ler na transcrição do interrogatório, publicada no Apêndice — confirmou às autoridades o que tinha confiado apenas aos amigos mais íntimos. Revelou que tinha salvado numerosos dissidentes. Mas em público, em qualquer outra ocasião, jamais tocou no assunto.

"No Colégio Máximo dos jesuítas, em San Miguel, na região da Grande Buenos Aires, onde vivi, escondi alguns deles — explicou o então cardeal. — Não recordo exatamente quantos. Depois da morte de dom Enrique Angelelli [o bispo de La Rioja, assassinado por seu empenho na defesa dos pobres, *nda*], acolhi no Colégio três seminaristas da diocese dele que estudavam teologia. Eles não foram escondidos, mas cuidados, protegidos."

A história dos três seminaristas, referida neste livro nas p. 85-95, viera à tona alguns anos antes, quando o bispo de Bariloche, Fernando Maletti, teve conhecimento dele. Mas Bergoglio não aproveitou a ocasião para fazer calar, ou pelo menos pôr em dúvida as acusações que circulavam a seu respeito. Não tinha vontade nem tempo de se ocupar com a própria imagem.

Algumas insinuações feitas pelos serviços secretos e pelos algozes do regime foram consideradas fidedignas até pelas vítimas e pelos opositores, difundindo-se até hoje como a cizânia no meio do trigo. Mal fora eleito o papa Francisco, diversas vozes se esforçaram em renovar as suspeitas de "conivência" com os militares, do *New York Times* ao diário argentino *Página 12*. Segundo alguns testemunhos reunidos pelo jornalista Horacio Verbitsky, enfim retratados (veja p. 56, nota 6), Bergoglio havia "retirado a proteção — resumia a BBC — a dois sacerdotes que trabalhavam nas favelas" de Buenos Aires, afastando-os dos jesuítas e expondo-os à represália dos militares.

O purpurado "foi chamado, em 2010, a testemunhar sobre o caso, declarando ter pedido à cúpula do regime a soltura" dos dois sacerdotes, depois efetivamente libertados, como ressaltava ainda a BBC. Segundo a rede britânica, o futuro papa foi interrogado pelos inquisidores também a respeito "do caso de Elena de La Cuadra, filha de uma das cofundadoras das Abuelas de Plaza de Mayo, desaparecida quando estava grávida". Enfim, Bergoglio, ainda segundo a BBC, foi citado também numa causa penal aberta na França pelo sequestro e homicídio do sacerdote Gabriel Longueville, em 1976. A notícia que tardaria a chegar, porém, é que a justiça admitira não ter encontrado nenhuma responsabilidade dele nesses casos.

Durante a ditadura militar, a operação voltada a incluir o nome do jesuíta entre os "filiados" ao regime foi uma tentativa de manchar a reputação do padre Bergoglio. O que se queria era desacreditá-lo, indigitá-lo como "não confiável" aos olhos dos dissidentes e dos seus confrades jesuítas. Uma modalidade nada nova. Na Polônia, bem como na Hungria e na Romênia comunistas, acontecia o mesmo com os religiosos e com os intelectuais que não se dobravam. O caruncho da dúvida instilada na opinião pública pode ser mais eficaz do que as intimidações e os interrogatórios feitos sem cerimônias.

"O papa Francisco, íntimo da ditadura militar argentina? De modo algum." Quando o encontrou, Adolfo María Pérez Esquivel, o ativista argentino pela defesa dos direitos humanos, que, em 1980, recebeu o Prêmio Nobel da Paz por suas denúncias não violentas contra os abusos dos militares, foi peremptório sobre Bergoglio. Pérez Esquivel não hesita em afirmar que na Igreja católica "há eclesiásticos cúmplices da ditadura", mas garante que "Bergoglio não era um deles". O ex-arcebispo de Buenos Aires, observa, "está sob tiroteio porque dizem que não fez o que

O caso Jalics-Yorio | 69

devia para fazer libertar dois sacerdotes [na realidade, depois libertados, *nda*], quando era superior da ordem dos jesuítas. Mas sei, pessoalmente, que muitos bispos solicitaram à junta militar a libertação de prisioneiros e de sacerdotes, que não foi concedida".

Também Graciela Fernández Meijide, ex-membro da Comissão nacional sobre os desaparecidos, criada depois do retorno à democracia, é categórica: "Não me consta que Bergoglio tenha colaborado com a ditadura; conheço-o pessoalmente. Sofri com o desaparecimento de um filho. O meu amigo Pérez Esquivel quase foi morto pelos militares. Mas não se pode dizer que todos os religiosos eram cúmplices da ditadura, isso é um absurdo".

Entre os ex-dissidentes há, porém, vozes discordantes. Estela Carlotto, como chefe das Avós da Plaza de Mayo, declarou, logo depois da fumaça branca, que não tinha uma opinião precisa sobre o comportamento "do papa Francisco no tempo da ditadura. O importante para mim é saber que o papa quer promover a paz, a fraternidade e o amor ao próximo".

Algumas semanas depois, essa mesma Estela Carlotto era recebida pelo papa Francisco. Logo depois da eleição e até os dias que antecederam o encontro entre Estela e o novo pontífice, publiquei no diário *Avvenire* o primeiro contrainquérito sobre os venenos fabricados contra o então provincial dos jesuítas. Cinco sessões nas quais, aos poucos, ia emergindo a outra verdade, até o epílogo que levou o jornalista Verbitsky a retirar as acusações anteriores.

No dia 24 de abril, Bergoglio e Carlotto se encontraram frente a frente. "Críticas há; não se cancela a história com um abraço. Mas a crítica era uma crítica construtiva e não absoluta. A verdade não ofende", diz a líder das Avós da Plaza de Mayo. "De nossa parte não há ódio, não há rancor, mas a realidade do terrorismo de Estado é um fato documentado que não se pode pôr em discussão e que a Igreja conhecia." Todavia, Estela Carlotto exprime "muita satisfação, porque o encontro com o papa nos deu esperança e se pode abrir um caminho para encontrar os filhos e os sobrinhos das pessoas desaparecidas [...]. Bergoglio para nós não tem culpa. O que desejamos e pedimos é que esses 'sobrinhos' possam saber quem é o pai deles, quem é a mãe. A Igreja sabe: com os seus registros ela pode ajudar". A resposta do papa é mais do que uma promessa: "Contem comigo".

Para alimentar a sombria lenda do "padre traidor" há ainda algumas fotografias manipuladas. Na legenda original de uma fotografia na qual Videla recebe a comunhão de um sacerdote, tirada de trás, não se faz nenhuma referência a Bergoglio. Foi em 1990, e o jesuíta tinha 54 anos, mas na imagem se vê um celebrante bem idoso dando a hóstia ao general. "O ex-presidente Jorge Rafael Videla recebe a comunhão numa igreja de rito católico romano, em Buenos Aires, nesta foto de 20 de dezembro de 1990", lê-se na legenda original do instantâneo guardado pela agência fotográfica Corbis. Todavia, oportunamente "cortada" para tornar quase impossível a identificação do oficiante, aquele instante foi feito passar como a prova primordial da suposta contiguidade de Bergoglio, mesmo depois da queda do regime, em 1983. Outra falsidade.

A verdade custou a emergir. Como no caso dos dois jesuítas que se queria "sacrificados" pelo superior provincial deles. Pouco a pouco, a dor deu lugar à reconciliação, numa "história encerrada" que agora, finalmente, o faz se sentir "reconciliado com aqueles acontecimentos". Padre Franz Jalics, jesuíta húngaro, missionário na Argentina nos anos da ditadura militar, quis escrever de próprio punho a palavra "fim" em relação às ilações com que, havia anos, era alimentada a mentira de um Bergoglio a tal ponto cínico que era capaz de entregar dois confrades à polícia militar.

Jalics, que, em Buenos Aires, todos chamavam de Francisco, é um dos missionários presos e torturados por quase seis meses, em 1976, sob a acusação de ter apoiado os guerrilheiros comunistas. O papa Francisco, segundo algumas fontes locais, não teria protegido os dois confrades.

O velho padre húngaro escreveu, numa breve memória em alemão: "Em 1957, estabeleci-me em Buenos Aires. Em 1974, movido pelo desejo interior de viver o Evangelho, de fazer conhecer as condições de terrível pobreza e com a permissão do arcebispo Aramburu e do então padre Jorge Bergoglio, vivi com um confrade numa favela. Dali, porém, continuávamos com nossas aulas na universidade".

Os problemas para os dois padres de fronteira chegaram muito cedo. "A junta militar matou cerca de trinta mil pessoas, guerrilheiros da esquerda, bem como inocentes civis. Nós dois, na favela, não tínhamos contatos nem com a junta nem com a guerrilha". Todavia, "pela falta de informações e por falsas informações dadas de propósito, nossa posição fora mal entendida também pela Igreja". Um argumento que os detratores de Bergoglio usarão para incluí-lo entre os cúmplices dos torturadores.

"Naquele período — reconstrói o padre Jalics — perdemos os contatos com uma das nossas colaboradoras leigas, pois tinha se unido à guerrilha". A catequista, que, provavelmente, entrara para a clandestinidade, foi presa nove meses depois. Após "o interrogatório dela por parte dos militares da junta, esses últimos entenderam que ela tinha colaborado conosco. Por isso, fomos presos, ao suporem que também nós tivéssemos alguma coisa a ver com a guerrilha".

"O oficial que me interrogou pediu-me os documentos — recorda o padre Jalics, aos oitenta e seis anos. — Quando viu que eu nascera em Budapeste, pensou que eu fosse um espião russo".

Mas uma saída parecia iminente: "Depois de cinco dias, o oficial que conduzira o interrogatório se despediu com estas palavras: 'Padres, os senhores não têm culpa e me empenharei em fazê-los voltar aos bairros pobres'. Apesar desse empenho, continuamos presos, inexplicavelmente para nós, por outros cinco meses, vendados e com as mãos atadas".

Jalics e Yorio foram soltos depois de meses de torturas na ESMA. Bergoglio, respondendo durante o interrogatório de 2010 (veja Apêndice, p. 141-143), relatou ter encontrado pessoalmente, substituindo um capelão militar, o general Videla, a quem pediu a libertação imediata dos dois confrades.

"Reconciliei-me com aqueles acontecimentos, e para mim aquela história acabou", confirmou o padre húngaro. O outro religioso que estava com ele, Orlando Yorio, morreu em 2000, de morte natural. "Depois da nossa libertação — conta o padre Franz — deixei a Argentina. Somente anos depois tive a possibilidade de falar daqueles acontecimentos com o padre Bergoglio, que, nesse meio-tempo tinha sido nomeado arcebispo de Buenos Aires. Depois daquela conversa, celebramos juntos uma missa pública e nos abraçamos solenemente." Um gesto feito de propósito diante dos fiéis, para que as calúnias pudessem parar.

No dia 15 de março de 2013, o padre Jalics declarou, portanto, ter se "reconciliado" com aqueles acontecimentos dos anos Setenta e com o seu padre provincial de então. O velho padre voltou ao assunto dois dias depois da sua nota divulgada pela cúria dos jesuítas, pois parte da mídia tinha continuado no mal-entendido. Jalics lembrou, aliás, que tanto entre os jesuítas como "nos ambientes da Igreja tinham sido difundidas informações falsas sobre o fato de que nós teríamos sido enviados para um bairro pobre porque teríamos tomado parte da guerrilha". Boatos feitos circular de propósito, mas que confirmam que é "falso julgar que nossa prisão tenha ocorrido por iniciativa do padre Bergoglio".

"O Orlando Yorio e eu não fomos denunciados por Bergoglio." Dez palavras que encerram anos de polêmicas.

Foram os torturadores que fizeram os dois prisioneiros acreditarem que tinham sido "vendidos" pelo provincial deles, o padre Jorge, então com trinta e seis anos. Nada mais usual que a calúnia e a difamação para os regimes de todos os lugares. "Eu julgava que tivéssemos sido vítimas de uma delação — confirmou Jalics —, mas a partir do fim dos anos Noventa, graças a diversas conversas, ficou claro para mim que tal suposição era infundada."

DESAFIO AO ALMIRANTE

As acusações contra o atual papa Francisco "foram por nós examinadas atentamente — explicou Germán Castelli, um dos três juízes autores da sentença no processo contra os militares da ESMA —. Verificamos todos os dados e chegamos à conclusão de que o comportamento de Bergoglio não tinha nenhuma importância judicial". "Dizer que Bergoglio entregara aqueles sacerdotes é uma coisa absolutamente falsa", repetiu o magistrado.

Diante dos investigadores argentinos, o cardeal de Buenos Aires não se subtraíra a uma rajada de perguntas, repetidas no dia 23 de abril de 2011 pelo Tribunal federal n. 6, com trinta e três perguntas a que o futuro pontífice respondeu por escrito.

"Fiz o que pude, o que estava em minhas possibilidades pela idade que eu tinha [menos de quarenta anos, *nda*] e as poucas relações que mantinha, a fim de interceder para fazer libertar pessoas sequestradas", contou Bergoglio.

De fato, como declarou o jesuíta que se tornaria pontífice, "vi, por duas vezes, o general Jorge Videla e o almirante Emilio Massera, embora fosse difícil naquela situação conseguir uma audiência com eles". Ambos tentaram despistá-lo.

O jovem provincial dos jesuítas argentinos estava fazendo averiguações sobre alguns padres. Queria salvar, assim dizia, os que estavam presos. E queria também manter distância dos traidores. Não sabia quem eram nem de que modo revelavam as informações e, por isso,

75

tinha sugerido a seus confrades que agissem com extrema prudência, excogitando uma série de estratagemas para subtrair a correspondência e as comunicações telefônicas ao controle dos militares. Regularmente, o padre Jorge informava o quartel general da Companhia, em Roma, do qual lhe vinha um pedido premente: "Salvaguardar os confrades".

Se esses encontros pareciam aos detratores prova do colaboracionismo de Bergoglio, ele, na realidade, queria "descobrir — palavras suas — qual capelão militar celebrava a missa" nos centros de tortura. Tendo conseguido o nome, Bergoglio, com um estratagema, convenceu o padre-soldado "a passar por doente e me mandar em seu lugar".

Arriscou sozinho e sem cobertura, com o risco de ser desmascarado. "Os generais me disseram que não estavam a par do acontecido e que verificariam. Quando eu soube que os sacerdotes se encontravam na ESMA, pedi novamente uma audiência a Videla e o pus a par do ocorrido."

Uma hábil manobra diplomática, porque Videla não podia deixar de saber. E Bergoglio deu a impressão de querer desafiar o chefe da junta que pouco tempo antes, porém, tinha garantido não saber de nada. Nasceu daí um extenuante jogo de empurra. "Videla sustentou que o Exército e a Marinha tinham comandos separados e que, por isso, tinha falado com Massera, mas que não era fácil."

Passaram-se muitos anos, mas a celebração vespertina com os chefes da matança, Bergoglio não a poderá esquecer.

"Lembro-me de que era um sábado à tarde e que celebrei a missa na residência do comandante em chefe do Exército, diante de toda a família Videla. Depois, pedi para falar com ele, com o general, justamente para saber onde mantinham os sacerdotes presos."

Não conseguiu quase nada, mas não se deu por vencido. Não o queria e, na sua posição, não podia. A um amigo o futuro pontífice confidenciou "ter feito coisa de louco" nos meses em que os seus irmãos eram mantidos presos. "Jamais estive nos locais de detenção, salvo uma vez, quando — contou o então primaz argentino — fui, junto com outros, a uma base aeronáutica próxima de San Miguel, na localidade de José C. Paz, para averiguar o destino de um *muchacho*."

Até a dramática tarde de 1977.

Alicia Oliveira explica de que se trata. A amiga advogada do Centro de Estudos Legais Sociais (CELS) contou que, quando os dois padres jesuítas Jalics e Yorio foram presos, "Jorge verificou que era a Marinha que os mantinha presos e foi falar com Massera, ao qual disse que, se os sacerdotes não fossem soltos, ele, como provincial, haveria de denunciar o ocorrido".

Bergoglio tinha garantido à família de Jalics que faria de tudo para libertá-lo. Numa carta do dia 15 de outubro de 1976 (da qual publicamos aqui dois trechos, pela primeira vez), o provincial tinha escrito: "Tomei muitas iniciativas para chegar à libertação de vosso irmão e até agora não fomos bem-sucedidos, mas não perdi a esperança de que será libertado em breve. Decidi que a questão é minha". Depois acrescentou: "As dificuldades que o vosso irmão e eu tivemos entre nós sobre a vida religiosa não têm nada a ver com a situação atual". Jalics "é para mim um irmão".

O encontro "violento" entre Massera e Bergoglio pode ser agora reconstruído, pela primeira vez, nos mínimos detalhes[7]. Quando viu Bergoglio, o almirante foi ao encontro dele com um gesto ostensivo. Diante da corte do regime queria tratá-lo com exibida jovialidade. Na verdade, um modo para ridicularizá-lo aos olhos dos presentes, ao pensar que jamais aquele padre teria a ousadia de desafiar o irascível Massera sem o medo de meter-se em apuros.

Não foi um diálogo, mas um corpo a corpo verbal.

"Que diz, Bergoglio?". Um excesso de confiança que não agradou ao provincial da companhia de Jesus. Ele não era tipo de atitudes afetadas. Muito menos naquele dia.

"Que diz, Massera?", respondeu-lhe na mesma moeda.

Empertigado em sua farda branca, o almirante reagiu com um trejeito de desapontamento. Sobretudo quando o jovem padre o fitou

---

7. Com base nos testemunhos reunidos durante a presente pesquisa e no *Apêndice. Interrogatório do cardeal Bergoglio*, p. 140-141.

Desafio ao almirante | **77**

com firmeza e, sem abaixar o olhar, igualmente de modo ostensivo o contestou.

"Que diz, Massera? Estou aqui para lhe dizer que, se não puser em liberdade os sacerdotes, eu, como provincial, farei denúncia sobre o ocorrido."

O triúnviro não teve tempo de balbuciar uma resposta, pois Bergoglio já havia dado meia-volta.

Na noite seguinte os padres Yorio e Jalics foram dopados e transportados num helicóptero que os descarregou, salvos, mas ainda inconscientes, no meio de um pântano.

Enfim, as acusações ao padre Jorge "são uma canalhice", para usar o parecer de Julio Strassera, historiador procurador no processo contra a junta militar, responsável por aqueles obscuros anos dos desaparecimentos. "Tudo isso é absolutamente falso", conclui. A magistratura argentina — confirmam-no também organizações como a Amnesty International — é considerada a mais avançada da América Latina. A Igreja jamais foi tratada com deferência, como demonstra a história do padre Christian Von Wernich, capelão da polícia condenado por seu papel em homicídios, sequestros e episódios de tortura.

PADRE JOSÉ-LUIS CARAVIAS

"Bergoglio me salvou, despistando os serviços secretos"

"Fui jogado num furgão da polícia. A viagem durou algumas horas. Eu não sabia para onde me levavam. Pensei no pior. Depois, abriram a porta, largaram-me no chão e se afastaram a toda a velocidade". Quando se foram, o padre José-Luis Caravias percebeu que se encontrava em Clorinda, em território argentino. Sem dinheiro nem documentos, nem roupa. O Paraguai estava às suas costas. Isso foi no dia 5 de maio de 1972, o dia de sua expulsão. Uma das muitas. Aguardavam-no diversas peripécias para conseguir asilo do governo democraticamente eleito de Buenos Aires.

José-Luis Caravias tem as mãos fortes de um camponês e um largo sorriso de folgazão. Basta olhar em seus olhos para ver que tem muitas histórias para contar. Aos cerca de quarenta livros que escreveu, abraçando desde assuntos de estrita natureza teológica até economia e sociologia, acrescenta um *blog* no qual não deixa de informar sobre o que pensa da evolução da América Latina. Ela é agora a sua terra. Da Andaluzia, cheia de sol, restou-lhe aquele modo de sonhar um mundo que seria do agrado de Cervantes.

"Eu conhecia a crueldade da ditadura. E a tinha experimentado na minha pele." O jesuíta espanhol foi acolhido pelos confrades argentinos, mas também ali a situação haveria de se precipitar. "O sinal de alerta foi a morte do padre Mauricio Silva, o padre varredor de rua, morto depois de privações e de brutais torturas. Entendi que o fato não era um mero episódio. Sabia-o porque também no Paraguai passava-se o mesmo."

O padre Mauricio Silva, porém, não se preocupava. "Ninguém levará a sério alguém como eu, que varro as ruas", dizia o padre varredor, incluído entre os trinta mil desaparecidos. A sua história vem de longe: nascido em Montevidéu, pertencia à família dos Pequenos Irmãos do Evangelho, congregação que se inspira em Charles de Foucauld, o religioso francês que fora viver entre os nômades do Saara, assassinado por um bando de salteadores, em 1916, e beatificado por Bento XVI, em 2005.

Antes de ser sequestrado, o padre Silva tinha trabalhado com o bispo Angelelli, no Norte do país, com os salesianos na Patagônia e com as crianças mais pobres nos lixões de Rosário. Chegara a Buenos Aires em 1970. Logo encontrou emprego como gari municipal no bairro de Flores.

Silva fora avisado sobre os riscos. Um padre operário e, além do mais, varredor de rua não podia ser senão um perigoso subversivo. Ele não dava muita importância a isso. Na manhã do dia 17 de junho de 1977, enquanto limpava a rua da sujeira deixada na noite anterior, foi levado embora por três homens. Tinha 45 anos. Engolido pelo nada. Dele se sabe apenas que foi visto em péssimas condições por alguns sobreviventes em dois centros de detenção clandestinos administrados pelos militares. "O padre Silva foi morto porque era uma testemunha incômoda." Sua eliminação foi um aviso.

"Não é o momento de dar uma de herói", dirá mais tarde Bergoglio aos padres mais expostos. "Mas Jalics e Yorio não quiseram ouvi-lo", prossegue Caravias. "Mas era ele quem tinha razão. Como no caso do padre Silva, a morte dos sacerdotes assassinados não teria mudado os planos da ditadura nem suscitado a indignação popular a ponto de atemorizar o regime."

O medo era mais forte que a verdade. Todavia, o padre José-Luis não aprendeu a lição, nem mesmo dessa vez. Foi para a província do Chaco, pouco maior que Portugal, onde os camponeses e criadores não tinham uma vida melhor que os assalariados rurais paraguaios. Também ali, na vasta planície ao sul do Río Bermejo, o obstinado jesuíta fundou o sindicado dos lenhadores, os mais explorados e os mais mal pagos entre os operários. Era impossível que os latifundiários dos 26 departamentos da região ficassem apenas a olhar. "Pouco depois, chegaram ameaças de morte e verdadeiras intimidações." Era o ano de 1973, e a Companhia havia pouco tinha um novo provincial, Bergoglio, de trinta e seis anos.

"Se hoje estou vivo, se pude escrever quarenta livros, se pude continuar a promover os direitos dos últimos e o Evangelho entre os pobres, se posso, enfim, contar como se deram os fatos, eu o devo a ele", escande o padre Caravias. Como convicto teólogo da libertação ("na versão argentina", esclarece), Caravias vê nos ataques ao novo papa a reação grosseira "de certo capitalismo internacional". O padre Jorge é o tipo de padre propenso a transpirar humanidade. "Para os seus acusadores, um papa que denuncia a pobreza global é muito perigoso", diz.

Depois de quatorze anos de missão entre os índios no Equador, Caravias se transferiu para o Paraguai. Aos olhos dos militares, comportava-se como perfeito comunista. Onde outrora havia as extraordinárias missões dos jesuítas, organizou os camponeses e os trabalhadores rurais em cooperativas. Para os *campesinos* isso queria dizer que poderiam, finalmente, ter voz no mercado agroalimentar, movimentar toneladas de produtos com a força de quem, graças à aliança entre pequenos produtores, não teria mais de se submeter às condições impostas pelos costumeiros exploradores.

Enfim, o padre José-Luis era uma pessoa de caráter impetuoso. Nascido em 1935, em Alcalá la Real, na Andaluzia, fez os estudos superiores em Málaga. Em 1953, com a idade de 18 anos, entrou para o noviciado. Tinha predileção pelos clássicos latinos. Todavia, já se via missionário nos confins do mundo. Por três anos, de 1961 a 1964, foi enviado a Assunção, no Paraguai, para estudar. Encontrar-se na terra das extintas *reduciones*, as missões nas quais era restituída dignidade aos nativos ameaçados pelos *conquistadores*, foi para ele muito mais do que ter de lidar com um dos mitos da Companhia. Voltando à Espanha para os quatro anos de teologia, em Granada, "teve o privilégio de viver num bairro habitado pelas famílias dos ciganos". Com um currículo assim, é claro que, mais cedo ou mais tarde, o padre Caravias estaria metido em apuros. Ordenado sacerdote em 1967, voltou ao Paraguai um ano depois. Era a época da revolução cultural de 68 e das inovações conciliares. Como muitos outros, também o padre José-Luis se sentiu contagiado pelo perfume daquela primavera que, embora entre mil contradições, desabrochava na sociedade e na Igreja católica.

Tendo voltado à América do Sul, não teria se contentado, decerto, com uma sala cômoda e com uma pilha de livros. Primeiro, foi trabalhar no campo. Depois, como padre camponês, começou a se ocupar também com a formação profissional nas Ligas campesinas. Mas essa carreira não durou muito. "Em maio de 1972, fui violentamente raptado pela polícia e abandonado na estrada, em Clorinda."

Na Argentina, na província do Chaco, já sabemos que não teve melhor sorte. Um bispo que o acolheu em casa para lhe oferecer proteção explicou-lhe o porquê: "Tenho aqui sobre a mesa algumas cartas que escreveste no Paraguai", argumentou o prelado, que vestia um poncho branco e se protegia do calor com um chapéu amarrotado de *campesino*. "O problema é que o que tu expressas chama-se marxismo", disse-lhe com a afável decisão do padre espiritual que quer prevenir uma heresia.

Caravias, por mais que estivesse fascinado pela Doutrina social da Igreja e pela teologia da libertação, não pensava que poderia ser apontado como marxista. Mas nem dessa vez se preocupou mais do que o necessário. Entre os teólogos da nova geração estava em voga uma expressão: "Não ter medo de nada, nem mesmo do Vaticano".

Consideradas as confusões em que sempre se metera, ao peregrinar pelo Cone Sul, das missões no Equador ao Peru e à Bolívia, Caravias foi obrigado a voltar para casa, como exilado. Naquela época ele não via com bons olhos o padre Bergoglio. Sobretudo porque esse último, embora tenha conseguido subtraí-lo, repetidas vezes, às más intenções dos militares, dera um jeito de ele retornar por algum tempo à Espanha, à espera de que a bonança voltasse a soprar sobre Buenos Aires.

"Por causa de minhas insistências em voltar à Argentina, o padre Bergoglio me respondeu com uma carta do dia 15 de julho de 1975."

Faltavam oito meses para o golpe, mas a situação era agora clara. O país estava inexoravelmente desmoronando. Preparava-se para ser uma prisão a céu aberto. Do Chaco à Patagônia, muitos agora se davam conta de que era um destino inevitável. A comunidade internacional tinha mais em que pensar. Os Estados Unidos não tinham mexido uma palha diante dos massacres perpetrados pelos açougueiros dos outros regimes sul-americanos.

Bergoglio tinha entendido perfeitamente isso. E já então tinha começado a tomar as precauções. Ao responder aos pedidos do padre Caravias, enviou-lhe uma carta cifrada. Depois das saudações fraternas ao amigo distante, o provincial entrou no mérito: "No que diz respeito à possibilidade de uma tua vinda para cá, consultei médicos e especialistas e estou de acordo em considerar que o clima não te convém, nem mesmo por um breve período de tempo, temendo uma recaída na doença de que sofreste".

Com toda evidência, o padre provincial sabia estar sob o bafo dos serviços secretos. E, se essa carta fosse interceptada, dificilmente os militares haveriam de ter suspeitas. O jesuíta espanhol não teve lá uma boa reação, mas compreendeu que a situação era pior do que imaginava. O tom empregado e a metáfora sobre o estado de saúde o tinham impressionado, levantando dúvidas para as quais no ano seguinte teve dramática resposta.

"Bergoglio tinha me advertido de que o grupo de vigilância antiterrorista de extrema direita tinha decretado a minha liquidação e, por isso, a Espanha teria sido para mim o destino mais 'salutar.'" Não eram preocupações exageradas, nem mesmo um modo de afastar da província argentina um padre incômodo. Dois amigos meus, sacerdotes, já tinham sido mortos: Carlos Mugica e Mauricio Silva. "Decerto, Bergoglio não estava totalmente de acordo com as minhas ações de organizar as pessoas. Talvez muitos relatórios da polícia tenham feito que duvidassem de mim, mas se comportou de modo nobre, jamais me impôs uma 'doutrina' alternativa e me ajudou a escapar a uma morte certa. Por isso, lhe serei sempre grato."

De resto, naquele lugar sem lei, que era a província do Chaco, "fui preso e mantido na cela por uma noite", recorda o padre Caravias. "À meia-noite, tinham me submetido a uma falsa execução. Uma noite terrível numa prisão imunda. Daquela vez, conheci a incerteza do amanhã. Não saber se veria o alvorecer. Hoje posso afirmar que fiz bem em seguir os conselhos de Bergoglio. Seja quando me sugeriu de deixar o país, seja quando me explicou com aquela sua carta que o clima ainda não me convinha".

Certamente, para o padre José-Luis, "como para muitos de nós, muito esforço levou à cura. Não é fácil perdoar e esquecer aqueles erros. Mas para ele, para mim e para muitos outros, como para o padre Franz Jalics, a fé em Jesus foi o que resolveu".

MARTÍNEZ OSSOLA – LA CIVITA – GONZÁLEZ

"O bispo mártir Angelelli nos confiou a ele, que nos subtraiu à morte"

Entre os dias 4 de junho e 4 de agosto de 1975, somente na província de La Rioja, no extremo norte da Argentina, foram assassinados oito estudantes. Na mira dos paramilitares do governo estavam também o bispo Enrique Angelelli e três de seus jovens seminaristas: Enrique Martínez Ossola, Miguel La Civita e Carlos González. Angelelli estava muito preocupado com os três futuros sacerdotes. Temia que não conseguissem escapar à violência dos *grupos* encarregados de rastrear os dissidentes e imunizar o país do contágio marxista. O bispo era um expoente da teologia da libertação, e a sua diocese no Nordeste, aos pés dos Andes argentinos, era muito sensível ao tema da justiça social.

No distrito de La Rioja, ainda hoje não há grandes alternativas entre um emprego numa fábrica e o árduo trabalho no campo. Naquela região, bastava ser um sindicalista ou reivindicar melhores condições de trabalho para acabar na lista negra dos subversivos. A política nesse conjunto de bairros em que vivem menos de duzentas mil pessoas é alguma coisa mais que uma questão local. Por ironia do destino, a região que tem de lidar com um clima semidesértico foi berço de dois presidentes: Isabelita Perón, segunda mulher do "refundador" argentino, e Carlos Menem, carismático e discutível chefe do Estado, por duas vezes, na Casa Rosada, de 1989 a 1999. A capital, La Rioja, dista 1.500 quilômetros de Buenos Aires. Uma distância não somente geográfica. Se não fossem as telenovelas e a gastronomia, dir-se-ia que não há muito em comum entre a comunidade da capital federal e a da Sierra.

Também Angelelli e Bergoglio tinham posições diferentes em assuntos de teologia e, consequentemente, no plano pastoral. Os dois, porém, se estimavam. Angelelli não era o tipo de pessoa que aceitasse compromissos. E não apenas porque na sua diocese tinha se alinhado abertamente do lado dos *campesinos*, opondo-se à exploração, às vezes mais parecida com a escravidão a que os latifundiários submetiam os trabalhadores rurais. Só por isso o regime já o punha na mira. Ofereceram-lhe uma saída, pedindo que celebrasse missa nos quartéis em que se torturavam os dissidentes. Respondeu que não. E se recusou até a subir no palanque ao lado do "general presidente Videla", pela simples razão de que "o bispo não pode apertar a mão de quem oprime o seu povo". Alguém assim jamais teria aceitado pôr os seus seminaristas nas mãos dos algozes. Por isso, quando decidiu protegê-los, o bispo pediu ao superior padre Bergoglio que se interessasse pessoalmente por eles. Foi assim que foram acolhidos na casa de San Miguel, em Buenos Aires.

Nenhum deles conhecia Bergoglio. Mal tinham chegado ao Colégio, julgaram que deveriam esperar que o preposto os chamasse para os receber em seu gabinete. Na entrada foram recebidos por um jesuíta bem jovem. "Bem-vindos, sou o padre Jorge. Vocês devem ser os de La Rioja."

"Sim, somos nós. E o senhor de onde é?", responderam, demonstrando não terem entendido.

"Sou o padre provincial." Ficaram tão perplexos que parecia faltar pouco para desmaiarem.

"Era a autoridade mais alta dos jesuítas na Argentina e se apresentara como qualquer um", recordam-se hoje.

Na realidade, Angelelli não tinha revelado aos seminaristas a verdadeira razão da transferência deles para a província de Buenos Aires.

"Julgávamos que agira assim para nos fazer terminar os estudos", explica La Civita. E foi assim que os salvou, subtraindo-os às depurações do regime. Aos olhos dos militares, os três jovens de La Rioja eram portadores de um duplo pecado original: gostavam de frequentar os vilarejos mais pobres e, pior ainda, partilhavam totalmente das opções do bispo deles.

Enrique Angelelli nascera em Córdoba, em 1923, de uma família de imigrantes italianos. Em 1961, com apenas 38 anos, o papa João XXIII o nomeou auxiliar de Córdoba. No ano seguinte participou das sessões do Concílio Vaticano II, abraçando aquele espírito de renovação que o fez definitivamente ganhar a decidida hostilidade dos militares argentinos.

Aos 41 anos, em 1964, foi nomeado bispo de La Rioja. Assim se apresentou à comunidade: "Não venho para ser servido, mas para servir a todos sem nenhuma distinção, nem de classe social nem de modo de pensar e de crer. Como Jesus, quero ser servidor dos nossos irmãos pobres".

No dia 4 de agosto de 1976, o prelado estava voltando do lugarejo Chamical para a cidade. O automóvel com o qual percorria estradas poeirentas e em mau estado era guiado pelo sacerdote Arturo Aldo Pinto. A paisagem naquele trecho era um rico fascínio. As curvas que rasgam a Sierra abrem-se à vista dos Andes. Entre os mais de mil quilômetros que separam da capital federal o distrito de La Rioja há uma extensão de campos, pântanos e gigantescos rebanhos de gado. A picape Fiat 125 Multicarga percorria uma daquelas estradas da alta montanha. A bordo, o humor não estava bom. Angelelli havia encontrado uma comunidade amedrontada e desorientada. Tinha-os consolado, mas não se limitara a uma oração de encorajamento. Conseguira reunir informações reservadas sobre o fim de dois padres, Gabriel Longueville e Carlos de Dios Murias, assassinados quinze dias antes. Um dossiê que poderia ter detido os culpados. Ao passarem ao lado de um cânion, o carro de Angelelli foi fechado por um Peugeot 404. Com essa imprevista manobra, o inesperado veículo jogou a Fiat no precipício. Angelelli morreu quase na hora. O padre Artur Pinto perdeu os sentidos, o que fez os sicários julgarem que tinham dado conta do recado. Devia parecer um acidente rodoviário.

O caso foi arquivado pela polícia no mesmo dia. Os protestos de Pinto, que se salvara e conseguira encontrar forças para denunciar o ocorrido, não deram em nada. Nos destroços da Fiat 125 não foi encontrado nenhum documento. A pasta A-Z sobre a eliminação dos dois sacerdotes havia desaparecido.

Vinte anos depois, durante um dos processos ao ditador Videla, uma testemunha contaria que todo o dossiê foi visto no escritório do ministro do Interior, poucos dias depois do assassinato de Angelelli.

"De um relatório confidencial, de maio de 78, redigido por espiões ingleses conclui-se que dom Achille Silvestrini, secretário de Estado vigário da Santa Sé, revelara a um diplomata britânico que o governo argentino não era capaz de dar respostas circunstanciadas sobre a questão dos direitos humanos; limitava-se a publicar as listas das pessoas que se encontravam na prisão ou que tinham desaparecido." A descoberta é do historiador Giuseppe Casarrubea. A documentação foi reencontrada durante as diversas pesquisas sobre o papel dos anglo-americanos na política italiana no fim da segunda guerra mundial.

Silvestrini revelava um fato novo. O Vaticano havia suspeitado logo que o que ocorrera ao prelado de La Rioja não seria um acidente. "A Santa Sé está convencida de que o bispo argentino Angelelli foi assassinado. O seu automóvel — diz-se no documento britânico — chocou-se com um caminhão quando voltava dos funerais de três sacerdotes mortos pela polícia".

Para o Tribunal de Córdoba "o homicídio de dom Angelelli — lê-se na sentença de 2008 — fazia parte do plano sistemático de eliminação de pessoas efetuado pelas Forças Armadas que exerciam o governo da Argentina e pelas forças de segurança".

O então presidente Néstor Kirchner tinha decretado como dia de luto nacional o dia da morte de Angelelli. Mas até 2006 a Igreja oficial quase nunca tinha se pronunciado sobre a sorte que coube ao bispo. Naquele ano, comemoravam-se as três décadas do falso acidente rodoviário. O arcebispo de Buenos Aires, Jorge Bergoglio, lembrou publicamente o velho amigo. "Derramou o seu sangue para pregar o Evangelho", disse durante uma missa em La Rioja, à qual estavam presentes os prelados do país. "Angelelli era um homem de encontro, de periferias, apaixonado por seu povo", lembrou Bergoglio, citando também os sacerdotes Gabriel Longueville e Carlos de Dios Murias, bem como o leigo Wenceslau Pedernera, assassinados em La Rioja pouco antes de

Angelelli. Eram aqueles sobre cujo destino o bispo tinha reunido informações comprometedoras contra o governo dos generais.

No dia em que o prelado fora lançado no precipício, Bergoglio estava no Peru. Mal recebera a notícia, voltou a San Miguel. Martínez, La Civita e Caravias estavam destruídos pela dor e aterrorizados pelo que teria podido acontecer depois.

Não tinham ainda parado de chorar seu bispo, quando, em plena noite, por volta das duas horas, ouviram passos rápidos e pesados no corredor que levava a seus quartos. Tremiam. E não podia ser de outro modo. Vigorava o toque de recolher. Exceto os militares, ninguém andava pelas ruas à noite, fazendo barulho assim. À medida que o ruído dos passos se aproximava, perceberam que vinham em direção aos quartos deles. "Sou Jorge", sussurrou Bergoglio do lado de fora da porta. Entrou no quarto, abraçou a todos, tentou consolá-los. Dado o que acontecera, não havia muito tempo para as lágrimas. Dessa vez, o provincial foi peremptório. Só então, pelo modo como ele falava, de seu tom de voz e do tipo de conversa, os três entenderam a razão do distanciamento de Angelelli. "Não se separem nunca", intimou-lhes o padre Jorge. "Vocês têm de estar sempre juntos e se deslocar com prudência. Se estiverem unidos, será mais difícil para eles sequestrarem os três ao mesmo tempo."

Jamais teriam pensado em se encontrar numa situação como aquela. Na escuridão da noite argentina, sentiram-se como os cristãos nas catacumbas. Compreenderam que estavam em perigo, mas a atitude paterna de Bergoglio lhes dava segurança. "Estávamos certos de nos encontrar em boas mãos", relatariam muitos anos mais tarde.

O padre provincial instruiu cuidadosamente os três jovens. "Entre outras coisas, disse que nunca deveríamos sair ao anoitecer e nos recomendou que tivéssemos precaução mesmo dentro do Colégio." Nenhum lugar podia ser considerado seguro. "Não usem a escada principal, deem o menos possível na vista. Quando tiverem de ir para seus quartos ou a outros locais do Colégio, usem o elevador."

A abundância de conselhos não se esgotou ali. As comunicações eram outro ponto fraco. Por isso, telefonemas reduzidos ao mínimo, com o uso, melhor ainda, de linguagem cifrada, mas que não despertasse suspeitas. Usar metáforas meteorológicas ou sobre o estado de saúde era um bom modo de entendimento.

Além disso, era preciso evitar envio da correspondência a partir do posto de expedição de San Miguel. Melhor entregá-la a pessoas de confiança que depois a depositariam nas agências postais de províncias limítrofes, onde os controles eram mais brandos e dificilmente poderiam atribuir a correspondência aos jesuítas do Colégio Máximo.

Naqueles meses, os três presenciaram as iniciativas do padre Jorge para conseguir a libertação dos padres Yorio e Jalics. "Vimos como se desdobrava por eles. Fazia-o, ao ficar por trás dos bastidores, para chegar a uma solução. Conseguiu salvá-los, ainda que tenha sido preciso muito tempo para que se entendesse que ambos deviam a vida a Bergoglio."

Durante a estada em San Miguel "demo-nos conta — refere o padre La Civita — que Bergoglio permitia que as pessoas se refugiassem na casa sob o pretexto dos exercícios espirituais. Dali as pessoas escapavam, depois, para o exterior, com novos documentos". Teria podido fazer mais? "Era o padre provincial dos jesuítas, não o Super-homem. Pelo que sei, fez tudo o que podia. E até bem mais."

A partir de então Bergoglio não os perderia de vista. Em 1978, quando os três pareciam ter saído da mira dos militares, o padre Jorge foi para La Rioja, para onde, nesse meio-tempo, os seminaristas tinham voltado.

"Veio nos ver por ocasião de nossa ordenação sacerdotal. Devia pregar os exercícios espirituais. E, dessa vez, não era uma desculpa. Bergoglio, como sempre, levou a sério esse compromisso. Até demais".

Fazia um calor terrível em La Rioja. "Nós três decidimos mergulhar num riacho para nos refrescarmos." O que aconteceu depois ficará impresso na memória deles. Uma aula ao estilo de Bergoglio: "Muito bem, sem problema — disse imperturbável o provincial. — Em roupa de banho, entrou na água e ali continuou os exercícios espirituais, enquanto estávamos no rio".

90 | SEGUNDA PARTE – Bergoglio's list. As histórias

Padre Quique, um dos três "salvos": "Eis os segredos de San Miguel"

Mais ainda do que nas sentenças de condenação, a prova da derrota do regime militar está na face alegre de Enrique Martínez Ossola, que todos chamam de "padre Quique". Pároco da igreja Anunciação do Senhor, em La Rioja. Quique é um dos três seminaristas que o bispo mártir, dom Enrique Angelelli, confiou a Bergoglio para que os escondesse.

O padre Quique voltou a La Rioja, de onde a junta militar queria expulsá-lo. Os fatos de então corroboraram suas convicções, mais que comprometê-las. "Na opção preferencial pelos pobres não se toca. E com Bergoglio em Roma não se volta atrás", diz.

O seu testemunho confirma o de todos os outros. "Em 1975, como seminarista da diocese de La Rioja, viajei com Miguel La Civita e Carlos González para o município de San Miguel, na província de Buenos Aires. Acompanhava-nos dom Enrique Angelelli, nosso bispo."

À hierarquia oficial aquela comitiva deve ter parecido um grupo de trapaceiros. Não tinham os modos cerimoniosos das pessoas da cidade. E se apresentavam como estudantes pouco ambiciosos. Parecia que não desejavam outra coisa senão se tornar curas da periferia.

"Depois de diversas tentativas para obter hospitalidade na capital federal ou nas vizinhanças, o bispo e os superiores da Universidade San José decidiram que moraríamos no Colégio dos jesuítas, para frequentar os cursos de teologia necessários para chegar ao sacerdócio."

Bergoglio não hesitou em deixar Angelelli satisfeito. "No Colégio, veio a nosso encontro um jovem padre, muito cordial. Era o padre provincial, a máxima autoridade da Companhia de Jesus na Argentina, mas no início não o tínhamos entendido. Desde logo intuiu a nossa preocupação e de modo nada formal instaurou conosco uma relação fraterna. Ele e os seus confrades nos deram a máxima liberdade, não nos impuseram nem sequer os horários para o almoço e o jantar; tudo acontecia segundo o tempo que tínhamos à disposição."

A atmosfera informal contrastava com a imponente austeridade do local. Grandes vidraças, longos corredores, estantes cheias de livros, mármores polidos.

"Muitas vezes tivemos ocasião de ter as refeições junto com o futuro papa, num ambiente familiar", lembra Quique Martínez. "Para nós não podia haver melhor lugar do que aquele para enfrentar os estudos." Os temores não eram infundados. "No dia 24 de março de 1976, quando se deu o golpe de Estado militar, estávamos na aula, em plena atividade de estudos." As notícias eram dramáticas, por mais filtradas que fossem pelos militares. "Pouco depois, soubemos que a casa em que tínhamos vivido, em La Rioja, tinha sido vasculhada e muitos livros com os quais tínhamos estudado tinham sido sequestrados."

De La Rioja continuavam a receber informações deprimentes. "Sacerdotes e leigos eram presos sem aparente razão. Queriam isolar dom Angelelli. Era ele o objeto de todos os interrogatórios."

Na imensa província, a igreja mais próxima para alguns distava dezenas de quilômetros. Assim, aos domingos, a missa presidida por Angelelli, na catedral, era transmitida via rádio.

"Uma das primeiras coisas que os militares fizeram foi negar a autorização para as transmissões, substituída pela transmissão ao vivo da liturgia celebrada por um capelão militar. Enfim, a situação tinha irremediavelmente piorado. O único objetivo deles era alimentar um clima de suspeita e de perseguição", conta o padre Martínez.

Entretanto, em Buenos Aires, tinha-se conhecimento dos primeiros desaparecimentos e dos presos sugados numa nuvem de silêncio. "Tornara-se uma coisa de todos os dias. Em junho daquele mesmo ano, dois seminaristas da Congregação dos assuncionistas, Rodríguez e Di Pietro, foram raptados no populoso bairro La Manuelita. Partilhávamos com eles da mesma visão teológica. Foi assim que no país se instaurou um período de terror que não poupava ninguém: estudantes, trabalhadores, sindicalistas, profissionais, catequistas. Qualquer atividade que tivesse relação com o compromisso social era suspeita aos olhos das autoridades militares."

No dia 4 de julho de 1976, um companheiro deles de estudo no Colégio Máximo, Emílio Barletti, foi vítima da "matança dos padres palotinos". A polícia estava convencida de que os sacerdotes da paróquia de

San Patricio trabalhavam em conexão com um grupo que desenvolvia sua atividade numa paróquia da favela do Bajo Flores. Poucas semanas antes, uma batida de militares tinha feito desaparecer alguns ativistas, entre os quais a religiosa Mónica Quinteiro e a estudante Mónica María Candelaria Mignone, filha de um dos principais defensores dos direitos humanos na Argentina, Emilio Fermín Mignone. Eram acusados de cumplicidade com os grupos guerrilheiros. A mesma acusação que as autoridades lançavam contra os padres palotinos de San Patricio.

O massacre aconteceu por volta das duas horas da manhã do domingo, 4 de julho, em pleno inverno argentino. A igreja de San Patricio encontra-se no bairro de Belgrano, o enclave da boa burguesia da capital.

Diante da paróquia em que os sacerdotes viviam parou um sedã Peugeot de cor preta. Estacionado a pouca distância havia um carro da patrulha. As duas viaturas se comunicaram a distância pelos faróis altos, até que os agentes engrenaram a marcha a ré e deixaram o local. Segundo algumas testemunhas que da janela viram a cena, tudo aconteceu em sincronia. Outros afirmaram que a polícia estava ali casualmente, chamada pelo general Martínez, que vivia na área, pois temia uma ação terrorista.

Tendo a patrulha se afastado, a *patota* entrou em ação. Desceram os quatro. Quando um dos padres palotinos abriu a porta, foi empurrado para dentro de casa sob a ameaça das pistolas automáticas. Despertaram os outros quatro religiosos que estavam dormindo. Depois de os ter insultado e espancado, fizeram que se ajoelhassem. Um verdadeiro pelotão de execução.

Os cadáveres dos padres Leaden, Dufau e Kelly e dos seminaristas Barbeito e Barletti ficaram estendidos no chão, cobertos de sangue, um ao lado do outro.

Catorze dias depois, no dia 18 de julho, em Chamical, província de La Rioja, foram executados os sacerdotes Gabriel Longueville e Carlos Murias. Uma semana mais tarde, no departamento de Sanagasta, foi eliminado o leigo Venceslau Pederson. Como se disse, foi por causa das

Martínez Ossola — La Civita — González | 93

averiguações feitas a respeito dessas execuções que foi morto o bispo Angelelli.

"A partir daquele momento, o padre Jorge teve para conosco uma atenção e um afeto especiais. Fez o possível para que superássemos um momento tão difícil", conta hoje o padre Quique. Também eles se sentiram no dever de ajudar o padre provincial. Se os outros jesuítas do Colégio não conheciam a verdadeira razão da presença deles em San Miguel, Quique e os outros dois seminaristas tinham entendido agora por que Angelelli tinha querido confiá-los a Bergoglio: para que não tivessem o mesmo fim dos padres Leaden, Dufau e Kelly, dos seminaristas Barbeito e Berletti e dos outros mortos pela fúria militar.

Sem alarido, na mais silenciosa reserva, "colaboramos com Bergoglio na assistência às pessoas que chegavam, apresentadas como alunos dos cursos de estudo ou como jovens em retiro espiritual, mas que nós sabíamos estarem ali para escapar às perseguições".

Quantos eram? "No período em que permanecemos em San Miguel dedicamo-nos a umas vinte pessoas".

Pouco depois da eleição de Bergoglio como pontífice, o padre Martínez escreve ao "papa Jorge". As relações permaneceram sempre intensas. Quique o mantinha atualizado regularmente sobre seu percurso vocacional e, depois, sobre sua atividade pastoral. Também em Roma informou Bergoglio das iniciativas em La Rioja.

"Caro Quique, recebi hoje a sua carta de 1º de maio. Deu-me muita alegria. O relato da festa do padroeiro trouxe-me uma rajada de ar fresco", respondeu-lhe o papa. "Aqui estou bem e não perdi a paz diante de um fato totalmente surpreendente que considero um dom de Deus. Procuro manter o mesmo modo de ser e de agir que eu tinha em Buenos Aires. Se, na minha idade, eu mudasse, seria ridículo. Não quis ir morar no Palácio apostólico. Vou lá apenas para trabalhar e para as audiências. Fiquei na Casa Santa Marta, um hotel em que nos hospedamos durante o conclave que recebe bispos, sacerdotes e leigos. As pessoas todas me veem, e tenho uma vida normal: celebro missa pública de manhã, como à mesa com outros etc. Tudo isso me faz muito bem e me impede de ficar isolado".

Graças a Deus, "Jorge não mudou nada", entusiasma-se de novo o padre Quique, que revê naquela mensagem o espírito do herói silencioso de quarenta anos antes. E, como então, Bergoglio pede sempre a mesma coisa: "Peço-te o favor de rezar e de fazer rezar por mim. Saudações a Carlos e a Miguel. Que Jesus te abençoe e a Virgem Santa cuide de ti. Fraternalmente, Francisco".

Essa reconstrução tem várias confirmações. Algumas chegam de outros sacerdotes, alguns deles pertencentes ao clero diocesano, que naquele tempo tratavam com os jesuítas. Entre eles, José Luis Vendramin, Carlos Gonzáles e Vicente Ramos. Em diferentes momentos tinham feito referência à proteção que receberam do padre Bergoglio e ao modo como, durante os períodos de "exercícios espirituais", no colégio de San Miguel, tinham assistido ao vaivém de outros jovens que acabaram na mira das *patotas*, os grupos de ação armada que semeavam o terror em toda a nação.

Numa entrevista ao *Osservatore Romano*, de 28 de março de 2013, o padre Vendramin, que agora é pároco precisamente na diocese de San Miguel, não distante do quarteirão onde se encontra o instituto dos jesuítas, lembra-se daqueles anos e, em particular, de como soube dos riscos que corriam Enrique Martínez e Miguel La Civita. "Eu estava aqui, em José Clemente Paz [cidade da grande Buenos Aires, *ndt*], mas ia ao seminário de San Miguel, onde os dois residiam, justamente onde também estava Bergoglio. O período histórico que vivíamos então era realmente difícil. Quem não é argentino não pode ter ideia disso. Os padres corriam, de fato, grande risco, porque eram os poucos a falar de liberdade num momento em que a liberdade não existia". Não só: "Também eu tinha comigo três seminaristas. E lhes recomendava que ficassem atentos, sobretudo quando eram vistos pelos militares perto do colégio".

SERGIO E ANA GOBULIN

"Nós, catequistas na *villa miseria*, devemos a vida a ele"

"Arrombaram as portas. Jogaram tudo pelos ares. Disseram que procuravam armas." Não tiveram a mínima atenção com a menininha, de uma família que tinha apenas o defeito de lutar pelos direitos e dignidade dos marginalizados. Foi uma intimidação.

Não era do agrado da polícia secreta aquela ideia de "libertação" que entrava por todos os ângulos da sociedade, que penetrava nas diversas estruturas: na Igreja aberta ao mundo, que envolvia experiências e personalidades que antes nunca se encontrariam, nas organizações sindicais, nas universidades, nos bairros de toda a Argentina.

A voz de Sergio e de Ana Gobulin trai a emoção de quem deve destrinçar o arame farpado das lembranças para encontrar nelas o sentido do que aconteceu.

"Bergoglio, contrariamente ao que alguns querem fazer crer, era parte desse clima de novidade. Com os pés bem plantados na tradição dos valores cristãos e o olhar que ia longe, mais do que poderíamos imaginar", diz Sergio.

Foi graças a esse sadio realismo que o padre Jorge conseguiu convencê-los de que, como mortos, ele e a mulher não teriam podido mais continuar na missão que tinham.

Contam os acontecimentos, sem saudades. Há trinta anos, vivem na Itália, depois de uma rocambolesca fuga de Buenos Aires. Não foi fácil se ambientarem no Friuli, de onde Sergio tinha partido com os pais,

97

quando ainda era um garoto, sem saber nada do que haveria de ser sua vida em terras remotas e cheias de esperança.

Agora que já está nos setenta, Gobulin saboreia palavras e recordações, como se faz quando se quer estar certo de querer pôr na balança da vida somente o que tem peso. "Animado pelos estímulos pós-conciliares, decidi deixar a província de Santa Fé para ir estudar teologia na capital federal." Também os leigos podiam ter acesso ao Colégio dos jesuítas em San Miguel. Sergio continua a narrar: "Em 1970, ainda estudante de teologia, decido, por coerência com minhas convicções, ir viver numa *villa miseria* [favela, *ndr*], na periferia de Buenos Aires. Com um grupo cada vez mais numeroso de residentes do bairro, ocupamo-nos em diversos trabalhos: assistência a famílias muito pobres que provinham do interior e das nações limítrofes, criação de uma escola noturna para a alfabetização dos adultos, assistência sanitária, assistência a mães adolescentes e outras obras de utilidade social".

Eram os anos da esperança na construção de uma sociedade mais justa, e isso — lembra Gobulin — "comportava uma opção preferencial pelos marginalizados". Queria dizer, antes de tudo, estar no meio deles.

É nesse período que conhece Bergoglio. Jorge não era ainda sacerdote. Será ordenado no dia 13 de dezembro de 1969, quatro dias antes de comemorar seus trinta e três anos. Entretanto, Sergio ganhava a vida trabalhando como empregado num dos centros de pesquisa da Companhia. Ali é que encontraria a futura esposa. Ana era professora dos filhos de alguns docentes.

De então em diante, a amizade entre o padre Jorge e Gobulin percorrerá milhares de quilômetros. Sergio teve a oportunidade de acompanhar o futuro papa em suas viagens de carro pelo interior do país. Atravessando as infindáveis extensões do pampa, ou pelas favelas esquecidas, "não só se falava da missão da Igreja, do compromisso dos cristãos, mas também da situação argentina, das mudanças, das esperanças e das dificuldades".

Na *villa miseria*, Sergio ajudava a encontrar o material para construir as casas, reformar as ruas, ajudar as famílias quando havia inundações, cavar canais, construir uma rede para água potável e diversas estruturas para a comunidade. Nasceram assim uma escola para a alfabetização, um ambulatório para a assistência médica básica, um centro para o acompanhamento das mães adolescentes.

"Em meio a grandes dificuldades, havia um clima de alegria entre as pessoas. Organizávamos noites de festa e de baile, das quais participava grande parte da população da 'villa' para angariar os fundos necessários para adquirir o material. Nós achávamos graça quando falávamos de 'recolher dinheiro entre o povo que não tem'."

"Os anos da ditadura foram anos de negação absoluta de todas as liberdades: de pensamento, de palavra, de informação, de ação — lembra Gobulin. — Anos de dura repressão contra os que se opunham à junta. Muitos de nós reagimos, sobretudo os jovens, convencidos como estávamos da necessidade de nos opormos a essa negação, que pisoteava os direitos fundamentais da pessoa. E agimos na nossa vidinha cotidiana, dia após dia. E por isso, muitos, mais de trinta mil, entraram pelo 'túnel do desaparecimento' sem nunca mais sair."

Do abecedário à reivindicação política, a passagem é breve. Na *villa miseria*, o povo começava a se fazer ouvir. Pediam que não fossem tratados como cidadãos de terceira classe. Também Bergoglio, ao ser nomeado provincial dos jesuítas, quis conhecer mais de perto aquelas realidades. "Na primeira vez, ficou conosco por alguns dias. Voltou ao Colégio profundamente tocado por aquela experiência."

Sergio e Ana casaram-se no dia 14 de novembro de 1975. A celebração, numa paróquia do bairro, foi presidida pelo padre Jorge. Estavam presentes os pais dos noivos, que por anos esconderam ciosamente as fotos das núpcias, uma recordação valiosa que não queriam deixar cair nas mãos da polícia.

Poucos dias depois de terem prometido eterno amor, encontraram a casa toda revirada pelos militares. Os recém-casados estavam no cinema e, ao retornarem a casa, parecia-lhes ter passado por ali um montão de tratores. "Não tínhamos feito nada de mal, não possuíamos armas, não pertencíamos a nenhuma organização terrorista", diz Sergio.

Com a mulher e os vizinhos do bairro puseram em ordem a casa. Continuaram como se nada tivesse acontecido, certos de que no fim das buscas os agentes haviam se convencido de que o trabalho deles entre os marginalizados não ocultava segundas intenções.

Passa-se quase um ano e, no dia 11 de outubro de 1976, Sergio Gobulin é "sugado". Naquela manhã, tinha conseguido um dia de licença do trabalho. Tinha necessidade disso para arrumar algumas coisas da família. Também Ana ficara em casa. Mais vinte e quatro horas e terminaria sua licença-maternidade.

Os caçadores de dissidentes, mostrando certo diletantismo, não estavam a par disso. A operação por pouco não acabou num embaraçoso fracasso. Quando descobriram que Sergio não estava no escritório, saíram correndo para procurá-lo no bairro. Encontraram-no na rua, não longe do barraco.

Uma saraivada de socos, um saco de juta enfiado na cabeça, as mãos atadas atrás das costas. E o levaram sem lhe dar tempo de reagir. Já as colegas de Ana tiveram tempo de adverti-la, pois uns homens, numa atitude que dizia a que vinham, tinham se apresentado na escola onde a moça ensinava. Ela conseguiu se esconder em casas de conhecidos, escapando ao que lhe podia acontecer de pior. Sergio não. Por 18 dias ficou nas mãos de desconhecidos que o transferiram várias vezes: cárceres, casas particulares, quartéis e, de novo, cárceres. Sempre as mesmas perguntas: "O que vocês fazem no bairro? Quem faz parte do seu grupo de terroristas?".

A Ana, foram procurá-la na casa dos pais. Nada de armas. Nada de documentos suspeitos. Nada de nada. "E, então, o que vocês querem?", perguntou a mãe. "Aqueles cujas ideias são armas", responderam. Mal o padre Jorge foi informado a respeito, fez desencadear uma operação de salvamento em duas direções: arrancar Sergio aos militares e garantir um lugar seguro para Ana. Como de costume, o jesuíta começou a indagar por conta própria. Perguntando de cá e de lá. Olhando para todos os lados. Procurou alguns oficiais para defender a causa dos seus amigos. Depois das costumeiras peripécias, conseguiu libertar Sergio.

"Os 18 dias do meu sequestro — conta Gobulin — foram realmente duros, por causa das torturas, quer físicas, quer, sobretudo, psicológicas. Depois de minha libertação, fiquei sabendo, por meio dos meus familiares, a respeito dos esforços feitos para minha procura e para minha libertação, por parte do padre Jorge e do então vice-cônsul da Itália na Argentina, Enrico Calamai."

Mil vezes, durante aqueles dias, quando já havia perdido a noção do tempo, Sergio temera ter chegado ao fim da corrida.

No dia 29 de outubro, estava certo de que acabaria mal. Deram-lhe mais uma sova, a enésima. Na realidade, era o "até a próxima" dos algozes. Em três semanas não tinha podido ainda ver-lhes o rosto. Foi descarregado na rua, não distante da casa dos sogros, atado e vendado, com tantas dores que não conseguia ficar de pé.

Restava pouco tempo. Por meio da nunciatura apostólica, Bergoglio fez que se interessasse pela questão Enrico Calamai, o heroico cônsul italiano protagonista de centenas de casos de salvamento.

"Depois de minha libertação, Calamai providenciou minha recuperação no Hospital Italiano de Buenos Aires junto, por motivos de segurança, com minha mulher e minha filha. Eu e Ana pensávamos que, ao ter eu recuperado meu estado de saúde, nos afastaríamos da capital".

Ficaram na enfermaria mais de um mês. Um dia, confiaram ao amigo jesuíta o plano deles: transferir-se para o interior argentino. Longe dos militares, para poder recomeçar.

"É a hora de ter coragem. Os problemas aqui não acabaram, nem para vocês nem para a Argentina. Vão procurá-los ainda. Escutem-me, deixem o país", lhes pediu o padre Jorge. Sergio Gobulin recorda: "Falou-nos a respeito das várias tentativas feitas para obter a minha liberdade e demonstrar a minha inocência, tentativas que tinham exigido que ele se encontrasse com diversas personalidades da hierarquia das Forças Armadas. Por isso, voltou a nos dizer que fôssemos embora. Sabia que outros grupos do exército estavam me procurando".

"Quando as minhas condições de saúde o permitiram, o doutor Calamai nos acompanhou às repartições competentes para a documentação necessária e me pediu que fizesse uma declaração sobre o acontecido, pois seria útil ao governo italiano para documentar os casos de sequestro e desaparecimento dos seus cidadãos".

Contatado para verificar essa reconstrução, Calamai explicou "nunca ter tido nada a ver diretamente com Bergoglio. E mais, o seu nome, nunca o ouvi naqueles anos". Da nunciatura, porém, "chegavam até mim comunicações, e não se exclui que a dos Gobulin estivesse entre elas". Sergio e a mulher contam ter recebido um passaporte novinho em folha diretamente do Consulado italiano, e as três passagens somente de ida para a Itália.

Calamai os acompanhou para completar os documentos de emigração: "Até ficava na fila conosco diante dos guichês. Havia a possibilidade de um novo rapto, mas na presença de um diplomata o risco era muito menor", lembra Sergio com toda a gratidão que se deve a um herói como aquele, capaz de salvar centenas de vidas, ao fornecer um salvo-conduto a quem quer que lhe solicitasse. Um personagem assim mereceria pelo menos uma promoção aos graus superiores, até mesmo uma cadeira de senador vitalício. Ao contrário, perdeu a carreira.

Também Jorge Bergoglio teve de pagar um preço aos caluniadores profissionais. E foi essa a única razão que convenceu Sergio e Ana a romper o pacto do silêncio que durou quase quarenta anos. Uma história que jamais gostariam de contar a ninguém. Hoje, eles afirmam: "Longe de entrar na polêmica que envolveu Bergoglio a respeito de suas ações durante a ditadura, longe de passar a fazer parte de grupos a favor ou contra, nossa intenção é a de dar testemunho público, não só pessoal, portanto, daquele período, que, acreditamos, vai além da figura de Bergoglio". Sergio e Ana esclarecem: "Não nos interessa fazer publicidade nem nos aproveitarmos da amizade com o padre Jorge. O homem a quem devemos a vida tornou-se papa. E nós que o conhecemos de perto não podemos deixar de ver em tudo um desígnio da Providência".

Os algozes que fizeram afogar dezenas de milhares de dissidentes nas águas do rio da Prata não eram amantes das subtilezas. A equação não admitia alternativas: viver entre os pobres queria dizer ser "comunista".

Sergio e Ana entendiam a política como compromisso, como solidariedade, como defesa dos mais fracos. Mas não foi suficiente.

"Lembro quando Jorge vinha a meu barraco de chapas e de terra batida", lembra Sergio. "Fechava-se por alguns dias em retiro espiritual. Era naqueles momentos que se entendia que ele não era tipo de conversa fiada e de leituras teológicas sob um ventilador. Era um homem de missão. Os pobres, ele os escutava, os observava na miséria e nos impulsos deles. Imergia-se na realidade deles, no sofrimento das pessoas, descia às profundezas do coração deles, para depois vir à tona e transmitir sua mensagem de esperança."

Dessas suas visitas aos barracos o padre Jorge não falava com quase ninguém. "Vivíamos um grande momento de transformação. Éramos parte de uma comunidade que, finalmente, se renovava. Havia um fermento que nunca poderemos esquecer", recordam os cônjuges, que, em julho de 2013, foram, como peregrinos, a Aparecida, no Brasil, durante a Jornada Mundial da Juventude, para abraçar de novo o amigo que se tornara o *papa Francisco*.

Sergio repete o que ele quer que não fique esquecido: "Tive a sorte de sair vivo. Mas foi mérito da obstinação de pessoas importantes, que foram à minha procura nos quartéis do horror. É nesse contexto que emerge a figura de Bergoglio".

Voltar ao Cone Sul é sempre para eles uma experiência do coração. É impossível apagar o que aconteceu no dia 17 de maio de 1977. Chegaram ao molhe de Buenos Aires. Lá estava também o padre Jorge, que observava o barco sulcar o reflexo de um pôr de sol de verão. Um daqueles navios do qual seus pais tinham um dia desembarcado na Argentina. Também Sergio tinha chegado ao "novo mundo" vinte e seis anos antes, quando era uma criança de quatro anos. "Tendo o navio zarpado, demo-nos conta de que o padre Jorge nos tinha salvado a vida. Tinha-nos dado também dinheiro para prover às despesas da emigração. Se não fosse ele, não estaríamos aqui falando."

A vida, às vezes, se aninha num detalhe. A macabra contabilidade das vidas encalhadas numa praia, dos sonhos desvanecidos lá nas alturas poderia ter sido até mais cruel se não houvesse gente como Bergoglio. "Além de 'libertar' pessoas que tinham desaparecido, ou outras que corriam risco de desaparecer, o padre Jorge salvou 'de modo indireto' muitíssimas outras vidas. Essa afirmação — observa Sergio Gobulin — não é o resultado de um raciocínio demonstrável, mas de uma convicção amadurecida depois da minha libertação". É um raciocínio que vai longe. "A ditadura militar, para realizar e estender de modo capilar o plano da repressão, queria de suas vítimas os relatos, os fatos, mas, sobretudo, 'os nomes'. Arrancar — por meio da tortura física e psicológica ou até mesmo drogando as vítimas — os nomes de amigos, de companheiros de trabalho, dos vizinhos de casa, era a prática usada para consumar mais desaparições". O grau de resistência variava de pessoa a pessoa. Havia quem, mal via os "instrumentos", despejava o saco, e havia quem, antes de ceder, fazia se reduzir a pedaços. "É evidente que, quanto mais tempo se passava nas câmaras do horror, mais caíam as barreiras da resistência." Justamente por isso, muitíssimas pessoas foram salvas, "sem que o soubessem", pelo empenho de Bergoglio. "Quando ele, como no meu caso, conseguia reduzir em semanas, se não em meses, o tempo de permanência nas mãos dos algozes, era muito provável que eles não tivessem ainda nas mãos os nomes que procuravam. Assim, dezenas de pessoas não foram sequer tocadas pelos militares somente porque se conseguiu a tempo não fazer circular os 'episódios suspeitos' que lhes diziam respeito", diz Sergio.

O padre Jorge nunca deixou de ter contato com Sergio e Ana. Seis meses depois de viajar para a Itália, Bergoglio quis ver pessoalmente como os Gobulin tinham conseguido arrumar a vida. Foi se encontrar com eles no Friuli.

No ano anterior ocorrera o devastador terremoto nas regiões do Nordeste. Mesmo quando Bergoglio chegou houve um tremor em plena noite. "Agarrei minha filha e fugi para fora de casa, enquanto Sergio acordava Jorge", recorda Ana. Na multidão da rua, ninguém sabia que o hóspede dos Gobulin era um padre. Aterrorizadas pela devastação do ano anterior, as pessoas começaram a rezar no escuro, invocando a proteção do Criador. O jesuíta argentino ficou tão impressionado com tanta devoção que na manhã seguinte quis ser acompanhado pelas ruas do lugar para ver de perto aqueles fiéis tão devotos. "Revimos alguns deles. Voltada a normalidade, em vez de rezar, blasfemavam". Bergoglio não se perturbou. Preferiu calar e rezar por eles.

Alguns anos depois, quando a família Gobulin pôde se encontrar mais uma vez com o amigo padre de Buenos Aires, ele reevocou aquela breve estada no Friuli. De repente, com a expressão simulada que antecede sabe-se lá que piada, perguntou: "Lá na sua cidadezinha vocês continuam e rezar sempre daquele modo?".

São muitas as coisas que Sergio e Ana jamais poderão esquecer sobre o padre Jorge. Como quando, em 1978, seis meses depois do adeus à Argentina, o provincial foi encontrar a mãe de Sergio, que ficara no país com o resto da família. Entregou-lhe um envelope. Havia dentro o dinheiro suficiente para uma viagem: "Vá encontrar teu filho".

JOSÉ MANUEL DE LA SOTA

"Todos sabem que salvou dezenas de vidas"

"*Te queremos, papa Francisco! Llenas de alegría nuestros corazones!*" (Nós te amamos, papa Francisco"! Enches de alegria nossos corações"). Alguém viu o costumeiro oportunismo político no *tweet* aberto pelo governador de Córdoba poucos minutos depois da eleição do papa Francisco. José Manuel de la Sota é um expoente do Partido Justicialista Argentino, mas desde 2011 se opõe ao kirchnerismo e fundou uma corrente peronista federal com outros governadores das províncias.

O seu entusiasmo é sincero. Com efeito, de la Sota está em débito com Bergoglio. Um daqueles débitos que não se extinguem: "Salvou-me a vida, fazendo-me sair da prisão".

Entre Córdoba e os jesuítas flui um afeto antigo. A *Manzana Jesuítica* e as *Estancias de Córdoba* são uma ex-missão construída pela Companhia (desde 2000, patrimônio mundial da humanidade pela UNESCO). Na *Manzana Jesuítica*, no centro da cidade, estão a Universidade de Córdoba (uma das mais antigas da América do Sul), o Colégio Monserrat, uma igreja e outros edifícios admirados todos os anos por milhares de turistas. O conjunto, cuja fundação remonta a 1615, foi abandonado pelos jesuítas em 1767, quando o rei Carlos III, da Espanha, ordenou a expulsão deles do subcontinente. Esse local da Companhia passou para os franciscanos, que o restituíram em 1853, quando os jesuítas puderam voltar às Américas.

A importância do papel das missões jesuíticas na província de Córdoba é testemunhada por um dado: a estrada das *Estancias* que une palácios, casas e capelas construídas pela Companhia de Jesus tem cerca de 250 quilômetros.

Essa é a geografia do coração na qual cresceu de la Sota, que, em Córdoba, frequentou o liceu no Instituto Imaculada, antes de se formar em Direito e se tornar advogado de carreira.

Já no início dos anos Setenta, o futuro governador (que, por breve período, foi também embaixador da Argentina no Brasil) teve de se haver com a polícia, quando era perseguido por seu "proselitismo peronista". O golpe de Estado de 76 parou o relógio da história e o calendário de milhões de pessoas.

"O padre Jorge interveio repetidas vezes depois que a minha família se dirigira a ele, contando-lhe o que me acontecera." O jovem José Manuel foi raptado depois de uma reunião política na Villa Cura Brochero, uma cidadezinha na província de Córdoba. "Bergoglio conseguiu interceder quando fui sequestrado pelos militares. Interveio muitas vezes para me fazer soltar", recordou o político. E não é por ouvir falar que de la Sota fala de outros salvamentos: "Muitos de nós recebemos a sua ajuda caridosa nos momentos difíceis vividos durante a ditadura militar", garante.

"Venho de uma família católica", lembrou, descrevendo a sua formação juvenil. "Naquele tempo, muitos sacerdotes e até bispos fizeram o bem, correndo muitos perigos. Bergoglio era um deles, e quem o ataca comete um ato covarde, porque todos conhecem o que ele fez para salvar dezenas de vidas."

Mais, por ora, de la Sota não diz. De fato, não tem a intenção de reacender polêmicas nem parecer um dos muitos dispostos a refazer o próprio currículo, alegando um conhecimento direto do papa.

"Creio que a Argentina esteja vivendo um momento muito especial. Um padre de um bairro tornou-se papa e está mostrando a todos nós como é autenticamente humilde, indicando um caminho para conceber e construir uma nova humanidade."

Uma coisa, porém, de la Sota não consegue deixar de dizer. Sob o risco de criar inimizade até mesmo dentro de seu partido, escande uma frase: "Aqueles poucos que falam com malícia do papa deveriam se envergonhar".

108 | SEGUNDA PARTE – Bergoglio's list. As histórias

JUAN CARLOS SCANNONE

"Digo-o pela primeira vez: parou uma batida policial contra mim"

O percurso desta segunda parte se encerra, voltando-se à longa conversa inicial com o teólogo Juan Carlos Scannone, o máximo expoente da teologia que, a partir dos anos Oitenta, foi definida como "teologia do povo". Jesuíta, pouco mais de oitenta anos, tem em comum com os teólogos da libertação o ímpeto pela justiça social e o apelo a uma economia fundada na ética. "Em conformidade com a doutrina social da Igreja", esclarece. De resto, não se encontram convergências significativas. Os militares, porém, não se perdiam em sutilezas. Povo ou não, para eles eram todos "padres comunistas".

Hoje Scannone é diretor do Instituto de Estudos Filosóficos na Faculdade de Teologia e Filosofia San Miguel, a mesma de que foi reitor Bergoglio, entre 1980 e 1986. A prodigiosa memória do padre Juan Carlos permite-lhe realizar um longo percurso para trás na história argentina, da conquista da democracia aos albores da ditadura. "Afinal, como é que — pergunto-lhe, esperando romper um dique no rio da sua extraordinária história de homem de fé —, apesar de o senhor ser considerado o expoente máximo de uma corrente tão combatida pela junta militar, não se tem notícia de perseguições contra o senhor?".

"Porque jamais eu quis falar disso antes! Passaram-se assim muitos anos, e eu não tinha vontade de alimentar debates e polêmicas sobre o arcebispo Bergoglio. Agora que o meu amigo Jorge se tornou o *papa Francisco*, posso contar, sim, que ele me protegeu, me salvou. E o fez em diferentes circunstâncias."

Antes de voltar a esse assunto, Scannone quis lembrar como conheceu o futuro papa. "Era meu aluno de grego e de literatura. Com o tempo, as partes se inverteram e o padre Jorge se tornou meu padre espiritual, o meu reitor e, depois, o meu provincial. É natural, portanto, que tivéssemos confiança um no outro. Foi sempre um homem muito austero e de grande inteligência até mesmo nas coisas práticas. Por exemplo, dirige bem. Ao se tornar reitor, deixou de ser motorista. Fez o mesmo quando se tornou arcebispo. É capaz de fazer várias coisas ao mesmo tempo. Na nossa terra, nós os chamamos de 'homens de orquestra', no sentido de que são capazes de tocar instrumentos diferentes".

Numa entrevista ao *Osservatore Romano*, Scannone lembrou que, uma vez, Bergoglio "escreveu um artigo a máquina, depois lavou a roupa e, a seguir, recebeu um fiel para um colóquio de direção espiritual". Também na cozinha, dizem, saía-se muito bem. O leitão recheado "à la Bergoglio" é um prato de que, no Colégio, ainda hoje se lembram.

Como se disse, a ditadura entendia a teologia do povo como uma ameaça, apesar de sua substancial diversidade em relação aos chamados teólogos marxistas. Sem distinção, foram perseguidos e brutalizados religiosos, fiéis leigos, catequistas, irmãs que trabalhavam nas *villas miseria*, as favelas. "Os militares eram incapazes de sutilezas — explica Scannone. — Para eles, falar de libertação ou de opção preferencial pelos pobres traduzia-se numa só palavra: *comunismo*. Pessoalmente, nunca tive nada a ver com o marxismo; todavia, consideravam-me um comunista. Até o futuro cardeal Eduardo Francisco Pironio, cuja causa de beatificação está em andamento, era indicado pelos serviços secretos como alto expoente da 'Igreja vermelha'".

Mas qual era a especificidade da teologia da libertação defendida por Scannone? "A diferença — responde o padre Juan Carlos — é que aqui, na Argentina, jamais foram utilizadas nem a metodologia marxista da análise da realidade nem outras categorias importadas do marxismo. Ao contrário, promovemos ainda a reavaliação da cultura e da religiosidade popular. Daí a definição de *teologia del pueblo*. O povo, portanto, torna-se portador de valores culturais que mediante a religiosidade popular alimentam a inculturação da fé. E isso acontece tanto nos fiéis quanto em todo o povo latino-americano. Enfim, essa corrente teológica prefere a análise histórico-cultural à socioestrutural típica da teologia da libertação.

Scannone, portanto, relata como o regime vigiava a ele e a seus colegas e confrades. "A polícia circulava muitas vezes por aqui, certamente não porque tivesse interesse na segurança do Colégio. Uma vez, vieram à noite; terá sido no fim de 1977. Ultrapassaram os portões e, com as camionetes, deram a volta no edifício. Uma verdadeira irrupção. Lembro-me ainda do eco de seus passos ao longo dos corredores. Estava escuro e não consegui ver quantos eram. Mas do barulho que faziam percorrendo o Colégio com aquelas botas de couro, imagino que fossem pelo menos um pelotão de umas vinte pessoas, mais os outros que vigiavam lá fora. Nosso coração parecia sair pela boca. Do modo como irromperam, imaginei que o exército tivesse recebido a ordem de fazer uma batida. Senti-me sob a mira deles. Vieram me prender, pensei".

Por que precisamente ele? "Eu era considerado um expoente da teologia da libertação, corrente que o regime percebia como fumaça nos olhos. Bergoglio me fez entender de todos os modos que eu corria perigo. Embora nos víssemos em posições teologicamente diferentes, não tão distantes, eu diria, jamais ele quis que eu ficasse calado. Tampouco quando alguns bispos intervieram junto ao padre provincial, mostrando que minhas posições eram consideradas incômodas, para não dizer inconvenientes. Mas o padre Jorge jamais me pediu que mudasse de atitude. Pelo contrário, explicou-me como eu poderia fazer chegar até fora da Argentina o meu pensamento, contornando a censura dos militares".

Como Bergoglio reagiu à busca? "Como chefe carismático — responde o padre Scannone. — Encorajou-nos, tranquilizou a cada um e intimou os militares voltar para o local de onde tinham vindo. Eles não tinham direito de estar ali e muito menos de estar ali daquele jeito. Sabia que não voltariam, mas tomou a atitude de quem exige respeito, porque no Colégio não havia mesmo nada para buscas. Usou um tom decidido, mas não de provocação. Era um tempo sem lei. Havia necessidade de evitar fornecer qualquer pretexto ao exército. Quando saímos dos quartos para ver o que estava acontecendo, notamos que os militares tinham tomado uma atitude menos marcial. Havia também alguns jovens que tinham sido apresentados pelo provincial como estudantes em 'retiro espiritual'. Na realidade, levamos mais de vinte anos para conhecer de modo mais profundo a verdade sobre o que fazia o padre Jorge para salvar as pessoas."

Scannone considera que o objetivo da *blitz* era intimidatório. "Quer dizer, 'estamos sempre de olho em vocês fora daqui, mas podemos também entrar em sua casa como e quando quisermos'. Todavia, bastaria encontrar na escrivaninha de um de nós um livro ou uma referência a Marx, uma revista 'suspeita' ou outra literatura considerada de esquerda, para que, naquela noite, as coisas tomassem outro rumo."

"De que modo o padre Bergoglio o salvou da junta militar?", pergunto ao padre Juan Manuel. "Na verdade, ele me protegeu até de certos bispos — declara o teólogo. — Não eram anos fáceis. O padre Jorge cuidou de nós, como era, aliás, seu dever. Como superior provincial dos jesuítas, a sua primeira responsabilidade era a proteção de cada jesuíta. Por isso, não foi por acaso que, no final daqueles anos de matança, nenhum jesuíta foi assassinado pela ditadura. Ainda que, agora, haja quem queira fazer passar esse fato como uma culpa. Hoje, as coisas podem ser observadas e julgadas com outros olhos, mas então Bergoglio fez o que, na sua posição, devia ser feito. Com frequência, fazia relatos ao padre geral, que estava assim a par do que acontecia, e nos dava conselhos sobre como evitar problemas, contornar o premente controle do regime, sem jamais, porém, termos de renunciar às nossas ideias".

Que sugestões deu então o padre Bergoglio a Scannone para que não terminasse "sugado" num campo de concentração? "O primeiro conselho foi o de nunca postar os meus artigos e os meus ensaios na repartição dos Correios de San Miguel e, menos ainda, de Buenos Aires. Ele suspeitava que toda a correspondência estaria sendo controlada, bem como as conversas telefônicas. Portanto, a fim de que os meus textos fossem publicados nas revistas internacionais, era necessário que se expedissem as mensagens a partir de repartições postais distantes da capital. Com efeito, as minhas intervenções jamais foram objeto de censura prévia por parte dos organismos de controle da polícia política. E na Europa as minhas posições continuaram a ser divulgadas. Além disso, quando eu ia aos bairros onde desenvolvida a minha atividade pastoral, o superior provincial me aconselhava a não andar nunca sozinho, e não exclusivamente por razões de segurança. Eu tinha de agir de tal modo que a todas as atividades de que participava estivessem sempre presentes testemunhas. Assim, se a polícia, o exército, a marinha ou a aeronáutica viessem me prender, haveria testemunhas. Essa era uma das modalidades que Bergoglio nos sugeria para evitar de desaparecer da circulação, engolidos no mais profundo silêncio."

Como já referimos, o padre Bergoglio não disse nada aos professores e aos estudantes do Colégio a respeito da verdadeira condição dos jovens perseguidos e acolhidos em San Miguel. "Era realmente uma coisa extraordinária. Nós não recebemos nunca nenhum sinal. Bergoglio dizia que os rapazes que lá estavam por alguns períodos estavam em fase de discernimento vocacional, ou deviam ser acompanhados em seus estudos. Por isso, nós críamos que se tratasse de ajuda espiritual. Jamais suspeitamos que se tratasse de operações 'clandestinas'."

Scannone descobriu só recentemente que aqueles jovens não estavam à procura da própria vocação. "E quando essas histórias emergiram, então, falando entre nós, nas comunidades dos jesuítas, entendemos qual a razão daquela hospitalidade. Isso quer dizer que o padre Bergoglio não somente manteve o segredo então, como jamais quis se jactar daquela sua particularíssima missão. Posso dizer com certeza, sem sombra de dúvida, por ter sido testemunha direta em várias circunstâncias, que o padre Bergoglio se esforçou não somente para proteger, tutelar e salvar padres jesuítas e seminaristas, mas também para esconder jovens estudantes que estavam na mira da ditadura, os quais eram trazidos a nosso Colégio, com todas as cautelas de cada caso, com o objetivo de mantê-los defendidos contra os raptos da polícia."

Juan Carlos Scannone | 113

Talvez o então provincial dos jesuítas tenha mantido o máximo segredo porque temia não poder confiar em ninguém? "Não era uma questão de desconfiar de seus confrades jesuítas — respondeu o padre Juan Manuel. — Certamente, ele queria evitar que caísse a proteção até por causa de nossas possíveis ingenuidades. Eram anos de medo, lembremo-nos disso. O padre Bergoglio não podia arriscar. Se um dos jesuítas do Colégio tivesse sido sequestrado pelos militares, quem poderia garantir que o infeliz não seria submetido a torturas para revelar aquela atividade secretíssima? Por essa razão, devia ser mantida a mais estrita reserva. Além disso, o padre Jorge sabia que naquela sua delicadíssima missão teria podido expor a perigos bem mais sérios não somente os jesuítas individualmente, mas toda a Companhia na Argentina. Se os sicários de Videla tivessem descoberto que os jesuítas de Buenos Aires, sob o comando do superior deles, trabalhavam clandestinamente em atividades contrárias ao 'Processo de reorganização nacional', certamente teria havido consequências que somente hoje poderíamos imaginar".

Enfim, pergunto ao padre Scannone qual era a opinião dele sobre o caso Yorio e Jalics, os dois jesuítas raptados, torturados e soltos depois de quase seis meses. "O padre Jalics desmentiu qualquer envolvimento de Bergoglio. Pessoalmente, eu tinha certeza disso havia anos. Do padre Orlando Yorio eu era muito amigo e, às vezes, colaborávamos um com o outro no plano teológico. Como Bergoglio morava na nossa casa em San Miguel justamente quando fizeram desaparecer os dois padres, ele me contava o que fazia e as informações que reunia para conseguir descobrir quem os havia sequestrado e onde estariam presos. Também o bispo vigário da região, dom Mario Serra, nos informava a respeito de suas averiguações para obter a libertação. Posso testemunhar a respeito da preocupação e do empenho do padre provincial para conseguir a liberdade de ambos. Os militares negavam tê-los aprisionado, mas vazou a notícia de que estavam presos na Escola Superior de Mecânica da Armada. Mesmo quando os carcereiros se deram conta de que Jalics e Yorio eram inocentes, continuaram a mantê-los ali por meses."

Talvez os militares quisessem usar aqueles dois prisioneiros como reféns para abrandar as posições dos jesuítas. "Pode ser, mas, a meu ver, os mantiveram na cadeia porque não sabiam como sair daquela situação — afirma o padre Juan Manuel. — Bergoglio tinha conseguido ter informações precisas e tinha colocado os generais contra a parede. No fim, foram soltos, mas de modo que não pudessem dar indicações precisas sobre quem os tinha aprisionado e torturado. Durante todo o período de detenção, ambos ficaram sempre encapuzados e, antes de serem libertados, foram drogados. Deve-se também reconhecer que, com a ajuda do padre provincial, ambos conseguiram encontrar abrigo no exterior, para não incorrer em alguma nova e mais dramática *desaparición*."

TERCEIRA PARTE

AS RESPOSTAS ENCONTRADAS

AMNESTY INTERNATIONAL

"Nenhuma acusação contra Jorge Mario Bergoglio"

É um documento "para uso exclusivamente interno" o que a Amnesty International se apressa a redigir no dia seguinte ao da fumaça branca que, no dia 13 de março de 2013, leva Jorge Mario Bergoglio a se tornar bispo de Roma. A organização internacional para os direitos humanos estudou profundamente o caso argentino. Milhões de páginas de relatórios, centenas de testemunhos, uma montanha de provas contra o regime. Um arquivo de nomes e de histórias que contribuiu para alimentar aquela incessante pesquisa que permitiu descobrir também alguns ex-algozes que voltaram a se ocultar na estranha normalidade de um país no qual também a verdade foi levada a desaparecer por longo tempo.

Algumas horas depois do escrutínio na capela Sistina, nos escritórios da Amnesty disseminados por todos os continentes tocam repetidamente os telefones. São jornalistas e ativistas que pedem um comentário depois da eleição do novo pontífice. No quartel general de New York é redigido um memorando que resume a linha a ser adotada nas relações com a mídia. Passa-se um pente fino nos arquivos. Consultam-se os dados muitas vezes. Procura-se um nome: *Bergoglio*. Nenhuma resposta. Envolvem-se, então, os ativistas, que há mais tempo se ocupam dos desaparecidos, mas nem eles conseguem encontrar na memória qualquer acusação que tenha se revelado fundamentada, ainda que parcialmente.

Embora com a prudência que se deve a episódios cujas repercussões não são ainda história, a Amnesty fornece a seus dirigentes um guia inequívoco.

O texto que apresento aqui (é minha a tradução do original inglês para o italiano) é um documento fundamental para a compreensão do "caso Bergoglio". Pelo menos para como foi conhecido e seguido por uma organização sobre cuja independência não há suspeitas. Refiro-o integralmente abaixo.

Amnesty International
Perguntas e respostas
Documento interno — que não deve ser usado para declarações públicas ou comunicados — somente para uso "reativo".
14 de março de 2013

A IGREJA CATÓLICA E O PAPEL DO NOVO PAPA DURANTE O ÚLTIMO REGIME MILITAR ARGENTINO (1976-1983)
Na quarta-feira, 13 de março de 2013, foi eleito um novo papa, o órgão de máxima autoridade da Igreja católica. A pessoa designada para essa posição é o jesuíta argentino Jorge Bergoglio, que escolheu o nome de Francisco. Até sua eleição, o cardeal Bergoglio fora arcebispo de Buenos Aires, Argentina.

— O que pensa a Amnesty International da eleição do novo papa, que teve relação com violações dos direitos humanos durante o regime militar na Argentina?
A tragédia vivida na Argentina, entre 1976 e 1983, quando o regime militar foi o responsável por violações sistemáticas dos direitos humanos, presenciou a supressão da vida de milhares de pessoas. A Amnesty International trabalhou por anos à procura da verdade, da justiça e da reparação pelos crimes cometidos pelo último governo militar na Argentina e por outros regimes militares nos países da região (como Chile, Uruguai, Paraguai e Bolívia) durante os anos Setenta e Oitenta. Naquele período, a Amnesty International documentou e denunciou milhares de casos de desaparecimentos, torturas, homicídios extrajudiciais e raptos de crianças, empenhando-se numa campanha a fim de que os autores de tais atos fossem levados aos tribunais.
A Amnesty International não toma posição sobre a pessoa que ocupa o cargo de papa, nem sobre as modalidades pelas quais se chegou à escolha. Em relação a eventuais novas acusações sobre supostas ligações do ex-arcebispo de Buenos Aires, com referência à hipótese de que ele tenha

cometido violações dos direitos humanos, a organização afirma que isso deve ser indagado imparcialmente e com independência, como no caso de qualquer outra pessoa.

Essa afirmação não deve ser interpretada, todavia, no sentido de que a Amnesty International atribua ou negue credibilidade a tais hipóteses.

— Qual foi o papel da Igreja católica na Argentina durante o regime militar?

A Amnesty International tem conhecimento das acusações que estabelecem ligações da Igreja católica com as autoridades do regime militar na Argentina e o seu possível envolvimento ou participação nas violações dos direitos humanos.

A Amnesty International, todavia, não crê que seja possível generalizar o papel da Igreja católica na Argentina ou em qualquer outro país da região.

Houve diversos tipos de contestação a respeito do papel desempenhado pela Igreja católica durante o regime militar. Vai-se da acusação de não conseguir agir contra as violações dos direitos humanos (por exemplo, omitindo o apoio à procura dos desaparecidos ou não intercedendo, em casos particulares, perante as autoridades) à de entregar os opositores nas mãos do regime.

Alguns membros da Igreja foram entregues à justiça. A condenação à prisão perpétua infligida a Christian Von Wernich, ex-capelão da polícia de Buenos Aires, é de domínio público. Von Wernich foi condenado em outubro de 2007 por seu papel em 42 desaparecimentos, 7 homicídios e 31 casos de tortura <http://news.bbc.co.uk/1/hi/world/americas/7035294. stm e www.amnesty.org/es/region/argentina/report-2008>.

Não podemos nos esquecer de que dentro da Igreja na Argentina e na região muitos se opuseram a esses regimes e sofreram intimidações, torturas, o desparecimento ou a execução. Muitos deles trabalharam e continuam a trabalhar para a promoção e a proteção dos direitos humanos para todos, sem discriminações.

— Qual foi o papel do novo papa durante a ditadura? Estava envolvido em violações dos direitos humanos?

No caso de Jorge Bergoglio, a Amnesty International tem conhecimento de um caso aberto em 2005 referente ao desaparecimento de dois padres jesuítas, mas não tem nenhuma documentação para demonstrar ou negar a participação do novo papa nesses eventos. Nenhuma acusação formal foi feita contra Jorge Bergoglio, e não temos vestígios em nossos arquivos de nenhum envolvimento do ex-arcebispo de Buenos Aires nesse ou em outros casos.

Uma análise, caso a caso, de qualquer possível ligação do novo papa com as violações dos direitos humanos durante o regime militar argentino cabe eventualmente ao sistema judiciário argentino. Ninguém pode estar acima da lei quando se trata de violações dos direitos humanos. Nem mesmo o papa.

— A justiça argentina não fez nada contra as violações dos direitos humanos cometidos durante o regime militar?

A Amnesty International expressou várias vezes a própria satisfação pelos progressos feitos pelo sistema judiciário argentino no que se refere à busca dos culpados de violações dos direitos humanos cometidos durante o regime militar no país e na região. Nesse sentido, a Argentina é o país sul-americano mais avançado.

Casos emblemáticos foram resolvidos nestes últimos anos: em julho de 2012, os ex-presidentes Jorge Rafael Videla e Reynaldo Bignone foram condenados pelo rapto sistemático dos filhos dos opositores e condenados a 50 e a 15 anos de cárcere. Em outubro de 2011, o ex-capitão da Marinha Alfredo Astiz e outros 15 homens foram condenados a penas de detenção que vão de 18 anos à prisão perpétua pelo envolvimento em 86 crimes contra a humanidade cometidos no centro de detenção secreto da Escola Superior de Mecânica da Armada (ESMA, sigla em espanhol), em Buenos Aires.

Recentemente, abriu-se na Argentina o processo contra os líderes sul-americanos responsáveis pela Operação Condor, um conluio internacional de cooperação entre os serviços secretos da Argentina, Bolívia, Brasil, Chile, Paraguai, Peru e Uruguai para prender, trocar e eventualmente matar os opositores dos regimes nos anos Setenta e Oitenta.

A Amnesty International continuará a defender as vítimas de violações dos direitos humanos e dos seus parentes para chegar à verdade, a justiça e a reparação. A organização tem a confiança de que a justiça argentina manterá seu papel exemplar contra a impunidade pelos crimes do passado.

CONCLUSÕES

Poucas horas depois da eleição à sede de Pedro, naquela úmida noite de 13 de março de 2013, *sites* de meio mundo já ferviam de acusações, suspeitas, conjecturas sobre o papel de Jorge Mario Bergoglio na época da ditadura na Argentina. Voltavam a circular velhas fotos comprometedoras e papelada desbotada, a indicar fraquezas do novo pontífice durante a dramática época dos desaparecidos. É sintomática a primeira página do jornal *Il Manifesto*, brandido, no dia 14 de março: "Não é Francisco" é o título de página inteira com a foto do novo bispo de Roma. Para depois explicar: "Na sua biografia, as luzes de uma escolha de pobreza e as sombras de um passado próximo da direita peronista".

Comecei a pesquisar naquela mesma noite, poucas horas depois da primeira aparição do papa Francisco na Loggia delle Benedizioni. Não foi preciso muito tempo para verificar que eram falsas as imagens que, na internet, o representavam com o ditador Videla. Também os documentos que poderiam tê-lo levado ao banco dos réus cheiravam a podre.

Ao revolver o passado de Bergoglio, foram emergindo aos poucos os indícios que me levaram à "lista". Uma pesquisa que estava aberta a todas as possibilidades, seja em sentido positivo, seja num viés negativo: reabilitação plena ou condenação sem apelo para o então superior dos jesuítas na Argentina. Não me interessava fazer uma hagiografia. Antes, como cronista judiciário, eu sabia que encontrar uma prova incontrovertida da conivência de Bergoglio com os bárbaros que governaram a Argentina de 1976 a 1983 teria dado uma manchete sensacional.

Admito-o, cavar uma notícia dessa não me teria dado alegria. A descoberta teria provocado em mim uma angústia profunda, somente em parte compensada por eu ter feito um furo de reportagem internacional. Mas uma séria reconstrução dos fatos não admite preclusões nem prejulgamentos.

E foi assim que encontrei documentos e testemunhos que excluem qualquer conluio dele com o regime; pelo contrário, evidenciam de modo nítido a ajuda que deu aos perseguidos pela junta. Confirmaram-na vozes acima de qualquer suspeita: do prêmio Nobel da Paz, Adolfo Pérez Esquivel, ao presidente do tribunal que fez averiguações sobre os crimes da ditadura, Germán Castelli, até organizações notoriamente rigorosas e alheias a simpatias "católicas", como a Amnesty International. Enquanto a pesquisa jornalística avançava, afloravam de tanto em tanto boatos sobre dissidentes que precisamente naqueles terríveis anos encontraram a proteção, decisiva e salvífica, por parte do futuro pontífice. Como um ruído de fundo que aos poucos vai se tornando cada vez mais forte, eu quis dar àqueles boatos um nome, um rosto, um relato. Procurei as verificações dessas histórias. Uma, duas, depois dez, e outras ainda. Vozes de quem, depois de decênios, tinha decidido não conceder aos algozes de então uma vitória póstuma: as mentiras sobre Bergoglio.

Tive dificuldade, sim, de fazer falar os componentes dessa "lista": como já referi, uma relutância que, inicialmente, eu não conseguia me explicar. Como era possível que todos aqueles que eu encontrava e que deviam sua vida ao padre Jorge não proclamassem aos quatro ventos que, longe de ter sido conivente com os sanguinários em verde-cinza, o novo bispo de Roma tinha agido na sombra, com risco e perigo para sua própria ordem religiosa, a fim de salvar, ocultar, proteger, fazer expatriar a muitas pessoas, que, pelas mais diversas razões, eram perseguidas pelo regime que se alastrava pelos pampas?

O silêncio, como eu observava no início, não era vontade de minimizar ou de esconder. Faz parte do personagem Francisco, o qual — repito, sem querer fazer hagiografia, são os fatos que falam por ele — parece ter encarnado plenamente o discurso evangélico que Mateus apresenta no capítulo 16, quando Jesus fala do dever da esmola: "A tua mão esquerda não saiba o que faz a tua direita".

Por várias vezes ouvi os meus interlocutores dizerem, seja aqui, na Argentina, seja na Itália, que fora precisamente o futuro papa, com alusões, indicações, palavras indiciárias, a orientá-los pelo caminho do silêncio e da não publicidade, consciente do fato de que uma aberta promoção do que ele fizera nos anos Setenta a favor do bem de tantos poderia ser apontado como simples operação de marketing vaticano e, portanto, como imputação de propaganda. Enfim, melhor o silêncio sobre seus próprios méritos do que ser acusado de autopromoção à custa de terceiros: deve ter sido essa — permito-me pensar e escrever — a linha de conduta do padre Jorge Mario, que se tornou Francisco.

Acrescento ainda, *pro domo mea*, mas é a verdade, que neste trabalho não tive nenhuma contribuição por parte do Vaticano. Nenhum encontro, nenhuma "dica", nada. O meu trabalho foi ditado pela *curiositas* que todo cronista abriga em si: o desejo de entender, de indagar, de descobrir algo novo. E, ao mesmo tempo, a convicção — amadurecida à medida que a "lista" ia se enchendo de histórias, de vozes, de palavras e de rostos — de que o bem triunfa no fim e deve triunfar, e é bom que isso aconteça. Neste caso, a realidade de uma ação verdadeiramente tecida de caridade e de inteligência por parte do padre Jorge: caridade pelas muitas pessoas que a ele tinham se dirigido para uma ajuda decisiva, inteligência pelo modo como ele soube se mover no pântano argentino (e também na própria casa, na Igreja) daqueles anos.

Um pequeno e valioso resultado, espero que este livro o tenha conseguido. Agora, graças às testemunhas da "lista", sabemos com certeza de que lado tinha se alinhado Bergoglio naquele emaranhado e dramático período de sofrimento do seu povo. E, enquanto o labor deste livro ia chegando ao fim, outras histórias, outras testemunhas se apresentaram: ex-estudantes, seminaristas, catequistas, fugitivos à malha da repressão militar. Todos profundamente agradecidos a um homem chamado Francisco, em quem encontraram um apoio até poucos meses antes da sua eleição como romano pontífice. Em resumo, a "lista de Bergoglio" ainda não se encerrou.

APÊNDICE

INTERROGATÓRIO DO CARDEAL BERGOGLIO NO "PROCESSO ESMA", DE 2010

É o dia 8 de novembro de 2010, quando a corte que deve julgar sobre os crimes cometidos na ESMA[1] entra no arcebispado de Buenos Aires, ao lado da catedral, na Plaza de Mayo. Jorge Mario Bergoglio foi convocado para as 11h30. Conforme as normas locais, o cardeal podia ser interrogado na sua residência.

Serão necessárias três horas e cinquenta minutos de perguntas concisas, repetitivas, de instantes asfixiantes, para concluir um dos face a face mais esperados pelos que seguiam os processos à junta militar.

Sobre a mesa nenhuma folha, nem mesmo um caderno de anotações. À sua esquerda se sentam os juízes Daniel Obligado, Germán Castelli e Ricardo Farias. Diante deles, a fileira de aguerridos advogados das associações dos direitos humanos, dos parentes das vítimas e dos indagados. Também os advogados de Bergoglio assistem à audiência.

A seguir, publicamos a transcrição do interrogatório. Omitimos de propósito algumas respostas de conteúdo repetitivo e referências a episódios e a pessoas que se revelarão alheias a qualquer responsabilidade e que, a quarenta anos dos fatos, merecem não serem mais atropeladas por episódios a que estarão totalmente alheias.

---

1. ESMA é o acrônimo de Escuela Superior de Mecánica de la Armada, a escola dos oficiais da Marinha militar argentina, em Buenos Aires. Durante o período da ditadura foi o centro de detenção e de tortura mais tristemente ativo de toda a Argentina.

O advogado Luis Zamora, que representava as vítimas, disparou contra o então arcebispo com perguntas cada vez mais insidiosas. Nenhuma deferência em relação a Bergoglio. Por isso, também os três juízes da corte poderão concluir que nenhuma responsabilidade é atribuível ao cardeal arcebispo.

Todos os momentos do interrogatório foram filmados. As gravações, que vimos graças a fontes judiciárias locais, estão guardadas nos arquivos do tribunal. (As notas ao pé da página e as que estão entre parênteses são da tradutora do espanhol para o italiano.)

Buenos Aires, 8 de novembro de 2010

N. 5.
Bergoglio presta declaração diante do TOF [Tribunal Oral Federal]

Documento de identidade n. 4.202.826

Pais: Mario José Francisco e Regina Sivori

BERGOGLIO: Provincial da CJ [Companhia de Jesus], até o dia 08.12.1979.

ZAMORA: Como o senhor ficou a par do sequestro dos familiares e de uma religiosa na igreja de Santa Cruz, em dezembro de 1977?

BERGOGLIO: Pelos meios de comunicação. Era um grupo de pessoas que trabalhavam pelos direitos humanos e se reuniam ali. Eram duas religiosas francesas e uma conhecida minha, Esther Ballestrino de Careaga[2].

---

2. Esther Ballestrino de Careaga (1918-1977) foi uma das fundadoras do movimento das Mães da Praça de Maio. No dia 8 de dezembro de 1977, foi sequestrada e levada à ESMA junto com duas freiras francesas, Alice Domon e Léonie Duquet, por um comando da ditadura. Lá foi torturada por dez dias e depois morta, lançada de um dos tristemente famosos voos da morte. Os seus restos foram encontrados nas praias de Buenos Aires, em 1978, e lançados numa fossa comum. Foram identificados somente em 2005.

ZAMORA: Sabe se a hierarquia fez uma denúncia com referência a esse caso?

BERGOGLIO: Não posso especificá-lo, mas presumo que sim, dado o modo como se costumava fazer denúncia nesses casos, tratando-se de um santuário católico.

ZAMORA: Haveria provas em algum arquivo central da Igreja católica?

BERGOGLIO: Presumo que sim, mas não sei.

ZAMORA: Aquele arquivo está sob sua autoridade?

BERGOGLIO: O arquivo central da CEA [Conferência Episcopal Argentina] está sob a autoridade da CEA.

ZAMORA: E quem preside a CEA?

BERGOGLIO: Eu.

ZAMORA: Haveria um modo de encontrá-lo?

BERGOGLIO: Encontrá-lo não sei, procurá-lo sim.

ZAMORA: Em que circunstâncias encontrou pela primeira vez E. B. de Careaga?

BERGOGLIO: Era a responsável pelo laboratório de análises químicas onde trabalhei, em 1953-1954, e criamos um forte laço de amizade. Era paraguaia.

ZAMORA: Quando veio a saber do sequestro, fez alguma coisa?

BERGOGLIO: Fiquei muito triste, tentei me pôr em contato com alguns familiares, mas não consegui. Tinham se escondido. Uma das suas filhas tinha sido presa e depois solta. Pus-me em contato com pessoas que poderiam fazer alguma coisa por ela.

ZAMORA: A quem se refere?

BERGOGLIO: Pessoas próximas que podiam se mexer, pessoas que trabalham no campo dos direitos humanos.

ZAMORA: E com as autoridades?

BERGOGLIO: Não, porque era uma responsabilidade da jurisdição do arcebispado de Buenos Aires, e eu era provincial dos jesuítas.

ZAMORA: Estava ou tinha estado em contato estreito com a senhora de Careaga?

BERGOGLIO: Muito. Fiz o que estava em meu poder.

ZAMORA: Vejamos se pode se esforçar mais e nos explicar isso com maior precisão.

BERGOGLIO: Dirigi-me a pessoas próximas dela, a fim de que se apressassem a procurar o local onde estava presa. Algumas eram vizinhas da ODH [Organizações pelos Direitos Humanos], outras não, pessoas que podiam ter acesso às autoridades naquele momento. Falei também com alguns funcionários do arcebispado. Com dom Olmedo, que ocupava da parte judiciária.

ZAMORA: Mais tarde se interessou em saber que tipo de iniciativas tinha tomado dom Olmedo?

BERGOGLIO: Sim. Disse-me que tinha mantido contatos, mas que não tinha notícias precisas sobre o local onde estaria detida nem nada.

ZAMORA: Em que ano e em quais circunstâncias conheceu Orlando Yorio e Francisco Jalics?

BERGOGLIO: Poderia ter conhecido Yorio no ano de 1961-1962, no Colégio Máximo, que é a casa de estudo dos jesuítas, onde têm sede as faculdades de filosofia e de teologia. Depois foi meu professor de teologia, com o tratado *De Trinitate*. Conheci Jalics, porém, em 61, creio, no mesmo lugar. Era professor de uma das partes de teologia fundamental, e durante os meus primeiros dois anos foi o meu conselheiro espiritual.

ZAMORA: Ricciardelli?[3]

---

3. O bispo Rodolfo Ricciardelli foi um dos fundadores do Movimento dos sacerdotes para o Terceiro Mundo, que na Igreja argentina uniu as ideias provindas do Concílio Vaticano II a um forte compromisso social. Desenvolvia seu trabalho na favela (*villa miseria*, como são chamadas na Argentina) de Bajo Flores, ou 1.11.14, como muitas vezes será chamada no texto. Morreu em 2008. Outros personagens da Igreja argentina daqueles anos a quem será feita referência, como os bispos Enrique Angelelli, Adolfo Tórtolo e Vicente Faustino Zazpe, não tomaram parte propriamente no movimento, mas lhe deram uma tácita aprovação.

BERGOGLIO: Sim; conheci-o em 1992, quando era bispo vigário de Flores.

ZAMORA: Lembra-se se surgiu algum problema ligado aos votos [religiosos, *ndt*] do padre Yorio, em 1975-1976?

BERGOGLIO: Posso dizer apenas que não infringiu nenhum dos três, pelo menos publicamente e pelo que sei.

ZAMORA: Dentro da Companhia de Jesus havia acusações de algum tipo com referência ao modo como os padres Yorio e Jalics desenvolviam as funções sacerdotais?

BERGOGLIO: Nada de particular. Naquela época, qualquer sacerdote que trabalhasse com as camadas mais pobres da sociedade era suspeito ou objeto de acusações. Em junho de 1973, fiz uma viagem a La Rioja com o provincial [da Companhia] anterior para intervir no caso de dois jesuítas que trabalhavam com os pobres nas missões da região e que estavam também eles sujeitos a esse tipo de boatos. Era uma coisa muito comum: alguém que trabalhasse com os pobres era um comunista, e esse modo de pensar continuou também depois. Faz dois meses, um leigo que trabalhava numa das favelas de Buenos Aires ouviu que lhe diziam: "Então, voltaste a trabalhar com aquele comunista?". É algo que já existia, fazia anos. Porém, acusações de tipo ideológico, de pertencer a grupos subversivos, como se chamavam então, nunca as recebi por parte de pessoas inteligentes.

ZAMORA: De que classes da sociedade provinham as acusações?

BERGOGLIO: Pessoas que não estavam de acordo com essa escolha pastoral.

ZAMORA: Não têm um nome ou um apelido?

BERGOGLIO: Não. Setores da sociedade, pessoas. Com efeito, quando eu e o padre Arrupe, em agosto de 1974, visitamos La Rioja, e eu já era provincial, muitos setores da sociedade de La Rioja expressaram publicamente a indignação deles com aquela visita a jesuítas comprometidos com os mais pobres.

ZAMORA: Seria importante que o senhor fizesse um esforço para se lembrar de onde vinham as acusações dirigidas a Yorio e a Jalics às quais se referiu antes.

BERGOGLIO: Dos mesmos ambientes, ainda que de ideologias diferentes, de modo transversal. Alguns setores da sociedade ou do mundo da cultura que não estavam de acordo com aquela escolha. Uma escolha muito bem definida pela Igreja.

ZAMORA: É muito importante que faça um esforço para se lembrar de alguns nomes e apelidos dos membros da Companhia de Jesus, da Igreja católica, da hierarquia que os acusavam ou que apoiavam esse tipo de acusação.

BERGOGLIO: Era uma crítica geral dirigida a todos os que compartilhavam daquela escolha pastoral.

ZAMORA: Sim, mas por parte de quem?

BERGOGLIO: Por parte de diferentes setores, transversais. Falava-se, decidia-se, publicava-se nos jornais.

ZAMORA: Consultavam-se com o senhor?

BERGOGLIO: Falava-se nas comunidades, nos setores, em algumas paróquias. Em todos os setores da Igreja. E também fora.

ZAMORA: Não se lembra de nenhum caso concreto, de algum bispo, cardeal?

BERGOGLIO: Não, porque era alguma coisa muito comum. Ainda que se procure não lhes dar importância, não às acusações, mas ao significado delas, ainda que não seja verdade, todos já estão convencidos, já está escrito, que os padres que trabalham com os pobres são comunistas.

ZAMORA: Era arriscado, porque era o mesmo tipo de acusação que a ditadura usava para prender as pessoas. Isso não o ajuda a identificar de modo mais concreto de onde provinham essas acusações?

BERGOGLIO: Os padres Jalics e Yorio deixam a Companhia de Jesus antes do golpe militar, e como referência histórica podemos tomar a morte do padre Mugica, que aconteceu antes do golpe[4].

---

4. O padre Carlos Mugica (1930-1974) foi um sacerdote argentino do Movimento dos sacerdotes do Terceiro Mundo. Desempenhou grande parte do seu ministério em

ZAMORA: Não entendi. A pergunta era se podia se lembrar de quem fomentava essas críticas, aqueles que "não davam importância".

BERGOGLIO: Quero esclarecer a expressão "não dar importância". Não é que não considerasse uma coisa grave, uma calúnia. Caluniar é um pecado grave. Não é que eu diminua isso. Porém, vivia-se naquele ambiente e era preciso estar ao lado dos que tinham feito essa escolha. Digo-o nesse sentido, ou seja, sob o ponto de vista de uma pessoa que estava habituada a ouvir esse tipo de acusação desde muito tempo antes do golpe militar.

[...]

ZAMORA: No que diz respeito ao geral dos jesuítas, sabe se ele próprio tinha feito críticas ou se compartilhava delas?

BERGOGLIO: Não. Era um homem que apoiava o trabalho com os pobres.

ZAMORA: Isso incluía os padres Yorio e Jalics?

BERGOGLIO: Sim.

ZAMORA: Quando o padre Yorio deixou de ensinar?

BERGOGLIO: Não me lembro.

ZAMORA: E, então, nem sequer sabe por quê?

BERGOGLIO: Acabava-se e recomeçava-se; os cursos eram cíclicos.

ZAMORA: Conhecia bem o padre Yorio?

BERGOGLIO: Um conhecimento normal entre dois irmãos jesuítas. Não éramos amigos, tampouco inimigos. Tínhamos, porém, bom relacionamento.

ZAMORA: Não lhe contou, então, por que deixou de ensinar?

BERGOGLIO: Não me lembro, mas o que posso dizer agora é que deve ter sido pelo caráter cíclico dos cursos.

ZAMORA: Lembra-se, como provincial, de ter consultado o padre Jalics em relação às acusações que ele e o padre Yorio continuavam a receber?

Villa del Retiro e foi assassinado a tiros de pistola, em 1974 (por isso, Bergoglio enfatiza que o assassinato dele aconteceu antes do golpe militar, que foi em 1976).

BERGOGLIO: Sim, e não só a eles dois, mas a todos os jesuítas que tinham feito aquela escolha no *front* da pobreza. Era normal que nos confrontássemos sobre essas coisas e ver como podíamos proceder.

ZAMORA: E no caso de Yorio e de Jalics?

BERGOGLIO: Sim, como com todos; era normal.

ZAMORA: Dado que, aqui, estamos indagando sobre o desaparecimento deles, seria importante se o senhor conseguisse se lembrar do que lhe disseram, de que tipo de colóquio teve, de qual foi a sua reação como provincial, como hierarquia...

BERGOGLIO: A relação era boa.

ZAMORA: Não. A reação[5].

BERGOGLIO: [A reação foi] de proceder sempre com cautela. Mas é preciso também esclarecer que não era o único trabalho que realizavam. E mais, que não viviam na favela. Viviam no bairro Rivadavia, desempenhando tarefas de exercícios e de direção espiritual, de ensino e, sobretudo, o padre Jalics era também um escritor. Nos fins de semana ajudavam também na Vila 1.11.14 [no bairro de Bajo Flores].

ZAMORA: Houve algumas autoridades eclesiásticas que fizeram acordo com a junta militar a fim de que, antes da detenção de um sacerdote, o bispo do qual dependia deveria ser avisado?

BERGOGLIO: Não.

ZAMORA: Nunca ouviu dizer isso?

BERGOGLIO: Não.

ZAMORA: Tem conhecimento do que aconteceu com Jalics, Yorio e com um grupo de catequistas do bairro Rivadavia?

BERGOGLIO: Em que data?

ZAMORA: Em maio de 1976.

BERGOGLIO: Refere-se ao sequestro?

ZAMORA: Eu não posso lhe sugerir a resposta.

---

5. Bergoglio tinha confundido o termo *reacción*, "reação", com *relación*, "relacionamento", "relação".

BERGOGLIO: Por volta de 22, 23 de maio houve uma batida policial e foram sequestrados (tamborila com o dedo, *nota do escrivão*).

ZAMORA: Sabe quem foi sequestrado e em que consistia a operação?

BERGOGLIO: Sei que os padres Jalics e Yorio foram detidos junto com um grupo de leigos. Sei também que alguns foram libertados nos dias seguintes, ou assim me foi dito.

ZAMORA: Sabe se já estavam suspensos?

BERGOGLIO: É o que ouvi dizer, não sei. O fato de desempenhar o trabalho pastoral deles na Vila 1.11.14 indicaria que poderiam fazê-lo. Dificilmente um pároco admitiria como seu colaborador alguém que tivesse sido formalmente suspenso.

ZAMORA: Se não formalmente, como poderiam ter sido suspensos?

UM JUIZ: De qual autoridade dependia a suspensão?

BERGOGLIO: Do bispo local.

JUIZ: Mas os dois padres dependiam do bispo local ou da ordem?

BERGOGLIO: Dependiam da ordem até quando saíram dela. Houve um período de transição. Depois [...], puseram-se à disposição do bispo local.

JUIZ PRESIDENTE: E durante a transição?

BERGOGLIO: Eu lhes disse que podiam continuar a celebrar missa até que fossem incardinados.

JUIZ PRESIDENTE: É possível que o bispo lhes tivesse negado a autorização?

BERGOGLIO: É uma possibilidade. Mas não sei.

ZAMORA: Todavia, nesse caso não tinham encontrado um bispo benévolo.

BERGOGLIO: Refiro-me ao bispo local, o bispo de Buenos Aires, o cardeal Aramburu.

ZAMORA: Sabe se Aramburu terá tomado alguma decisão a respeito da situação deles?

BERGOGLIO: Não tenho conhecimento.

[...]

ZAMORA: Durante a transição podiam celebrar como qualquer outro sacerdote?

BERGOGLIO: Deixei que fossem eles que interpretassem as minhas palavras.

ZAMORA: Não estavam na mesma condição de qualquer outro sacerdote?

BERGOGLIO: Não. Estavam no período de transição.

ZAMORA: Que consequências comporta a transição?

BERGOGLIO: Não se pode exercer o ministério; esse costume tem valor territorial.

ZAMORA: A seu ver, dado que eles se encontravam numa situação muito arriscada no período histórico-social em que viviam e considerando que não dependiam de ninguém durante a transição, poderiam ter tido dificuldades em celebrar missa?

BERGOGLIO: Dificuldade em celebrar missa, não, porque fui eu quem lhes disse que podiam celebrar. Que se encontravam numa situação muito arriscada...

[...]

JUIZ PRESIDENTE: Acompanhou-os, ajudou-os, havia uma relação que se mantinha viva com os padres Jalics e Yorio?

BERGOGLIO: Sim. Eu lhes ofereci também a possibilidade de virem viver na cúria provincial, comigo. Tanto a eles como a Dourron[6]. Já corria o boato de uma possível batida, pelo menos enquanto não tivessem encontrado um bispo benévolo. Agradeceram-me.

[...]

ZAMORA: Como veio a saber disso?

BERGOGLIO: Por telefone, ao meio-dia, chamou-me uma pessoa do bairro, alguém que eu não conhecia. Disse-me que tinha havido uma

---

6. Luis Dourron era outro jesuíta que, junto com o padre Enrique Castellini, foi sequestrado em Bajo Flores.

batida policial, que tinham prendido dois sacerdotes e muitos leigos e que o padre Dourron estava passando ali, de bicicleta, e que, mal percebeu a batida, escapou pela rua Varela.

ZAMORA: Não perguntou a seu interlocutor como se chamava?

BERGOGLIO: Não. Num choque desse gênero, a última coisa que te vem à mente é de perguntar quem fala.

JUIZ PRESIDENTE: Lembra-se do que fez, depois de ter recebido essa notícia?

BERGOGLIO: Sim. Comecei a me mexer, a falar com sacerdotes que eu suspeitava tivessem contatos com a polícia, com as Forças Armadas. Movemo-nos imediatamente.

JUIZ PRESIDENTE: Conseguiu obter informações diferentes com relação ao que lhe tinha contado o vizinho?

BERGOGLIO: Deram-me confirmação da batida, mas ainda não sabiam para onde os tinham levado. Mais tarde começaram a dizer que foram os membros da Marinha. Depois de dois ou de três dias. Ou, pelo menos, foi o que me disseram.

JUIZ PRESIDENTE: Pôs as outras hierarquias eclesiásticas a par do ocorrido?

BERGOGLIO: Todos os membros da Companhia de Jesus. E me dirigi também ao arcebispado. Era um domingo, avisei o cardeal Aramburu na segunda ou na terça-feira, e avisei também o núncio, dom Laghi.

ZAMORA: Como veio a saber que fora a Marinha?

BERGOGLIO: Dizia-se, *vox populi*; os que tinham feito averiguações apontavam nessa direção.

JUIZ PRESIDENTE: Isso foi motivo de mudança de estratégia, considerando-se como foi depois administrada a questão?

BERGOGLO: Sim. De fato, encontrei por duas vezes o comandante da Marinha, Massera. Na primeira vez, ouviu-me e disse que verificaria. Expliquei-lhe que aqueles padres não estavam envolvidos em nada estranho e concluí que ele me daria retorno. Dado que não me respondeu,

140 | APÊNDICE

depois de dois meses, além de seguir também outras pistas, pedi para ter um segundo colóquio. Estava quase certo de que eram eles que os mantinham presos. O segundo encontro foi muito desagradável, não durou nem dez minutos. Disse-me ele: "Veja, o que está acontecendo eu já o expliquei a Tórtolo". Eu lhe respondi: "Mas me dirá mais do que a dom Tórtolo, ou não?". "Sim, tudo bem". E eu acrescentei: "Veja, Massera, eu os quero de volta, vivos". Levantei-me e fui embora.

ZAMORA: De onde saíram os boatos de que fora a Marinha?

BERGOGLIO: Não sei, mas tornou-se uma *vox populi*. As pessoas com quem se falava diziam que tinham sido os membros da Marinha.

ZAMORA: Que pessoas?

BERGOGLIO: As pessoas influentes, aquelas com quem eu conseguia falar, que tinham ligações com os juízes, com a polícia, com algum militar, com o ministério do Interior, com o governo. E todos apontavam para a Marinha.

ZAMORA: Lembra-se do nome de algumas dessas pessoas que tinham fácil acesso ao poder?

BERGOGLIO: Não.

ZAMORA: Eram os seus superiores eclesiásticos, o cardeal?

BERGOGLIO: Todos aqueles a quem se podia recorrer naqueles momentos de desespero, amigos, conhecidos.

ZAMORA: O fato de saberem que tinham sido sequestrados pela Marinha é um dado de enorme importância. Se pudesse fazer um esforço para se lembrar de quem o informou... e o fato de o senhor ter considerado uma notícia tão verossímil a ponto de a repetir a Massera devia ser, enfim, uma fonte séria.

BERGOGLIO: Diz-se *vox populi, vox Dei*: não era uma pessoa, eram vozes em uníssono. Talvez não tenham conseguido nem mesmo identificar os agentes que tinham se passado por um grupo da Marinha.

ZAMORA: Não tem ideia de quem o chamou ao telefone, não se lembra de quem disse que fora a Marinha...

JUIZ PRESIDENTE: Foram muitos.

ZAMORA: Por isso estou lhe pedindo que identifique pelo menos um.

JUIZ PRESIDENTE: Lembra em que circunstâncias conseguiu ter um encontro com Massera?

BERGOGLIO: Porque estava certo, desculpe-me, quase certo de que era ele, porque o diziam todos. Lembro-me de um sacerdote jesuíta que fez um trabalho muito bom para conseguir confirmar essa hipótese; era o padre Fernando Storni.

ZAMORA: Está ainda vivo?

BERGOGLIO: Não. Já morreu.

ZAMORA: Que circunstância curiosa.

BERGOGLIO: Também com Videla, duas vezes, pelo mesmo motivo. (Não lembra as datas exatas, mas calcula que a primeira conversa deve ter sido concedida a ele dois meses depois do sequestro). Foi muito formal, fez anotações, disse-me que verificaria. Eu lhe disse que corria um boato de que teria sido a Marinha. Na segunda vez, porém, consegui descobrir quem era o capelão militar que celebrava missa na casa dele, na residência do comandante em chefe. Pedi a esse sacerdote que se desse por doente, porque eu o substituiria. Naquele sábado, depois da missa, perguntei se podia falar com ele [Videla]. Na ocasião me deu a impressão de que teria mais interesse e que trataria do assunto com mais seriedade. Não foi violento, porém, como o encontro com Massera.

[...]

ZAMORA: Deixou algum testemunho escrito sobre aqueles colóquios?

BERGOGLIO: Eu mantinha o padre geral sempre informado.

ZAMORA: Por escrito?

BERGOGLIO: Não. Naquela época não existiam nem *e-mails* nem fax; era apenas o telex. Então, para apressar a comunicação, eu lhe telefonava diretamente. Chamava-o a partir de um telefone público na rua Corrientes, para não usar o telefone da cúria.

142 | APÊNDICE

ZAMORA: Depois de o ter informado por telefone, deixava alguma coisa por escrito?

BERGOGLIO: Não. Telefonava e mais nada.

ZAMORA: É normal que comunicações de tal importância sejam transmitidas oralmente?

BERGOGLIO: Sim e não. Há assuntos que seguem um ritmo lento, tranquilo, onde alguém pode preparar os memorandos a respeito. Outros, como esse, que era urgente e no qual havia perigo de vida por alguma coisa que fosse dita, deviam ser tratados de modo rápido.

[...]

ZAMORA: Houve comunicação com os familiares dos padres Yorio e Jalics?

BERGOGLIO: Sim, duas cartas a respeito do padre Jalics. Uma à mãe dele, que se encontrava nos Estados Unidos, na qual eu a confortava narrando tudo o que eu estava fazendo, e outra ao irmão dele, que vivia em Munique. Lembro-me perfeitamente do encontro que tive ou com o irmão ou com o cunhado de Yorio. Parece-me que terá havido um segundo encontro, mas não o posso confirmar.

ZAMORA: Informou-os sobre as iniciativas que estava tomando?

BERGOGLIO: Sim.

ZAMORA: Foi ao encontro das famílias dos catequistas que foram vítimas daquela ação?

BERGOGLIO: Encontrei-me com o doutor Mignone; não me lembro se foi uma segunda vez.

JUIZ PRESIDENTE: Por que se lembra, que papel desempenhava?

BERGOGLIO: Primeiro, porque lhe desaparecera uma filha e, segundo, porque tínhamos nos encontrado por acaso no prédio em que morava na avenida Santa Fé, onde morava também uma das minhas primas. E outra vez, na Quinta-feira Santa, na sacristia da catedral; mas não falamos. Ele viera se encontrar com dom Tórtolo, que celebrava missa naquele dia. Apenas passamos um pelo outro.

Interrogatório do Cardeal Bergoglio no "Processo ESMA", de 2010 | 143

ZAMORA: Lembra-se do que o senhor falou durante o encontro?

BERGOGLIO: Da preocupação comum, da dele, pela filha, e da nossa, pelos sacerdotes, e ver o que se poderia fazer depois.

ZAMORA: Quando veio a saber que as catequistas sequestradas na mesma batida tinham sido libertadas?

BERGOGLIO: Do que as pessoas diziam naqueles dias.

ZAMORA: Não procurou se pôr em contato com as famílias ou com os libertados para saber o que tinha acontecido, dado que Yorio e Jalics ainda estavam presos?

BERGOGLIO: Não. Sei que outros jesuítas o fizeram e me referiram as informações que tinham recebido. Afirmavam que fora um departamento da Marinha.

ZAMORA: Por que não procurou um contato direto?

BERGOGLIO: [...] Como eu já estava em contato com as pessoas que estavam levando adiante as negociações, pareceu-me que seria esse o melhor modo de continuar agindo. Não é que eu tenha decidido excluí-los.

ZAMORA: Para sermos precisos, sabia que se tratava de pessoas que tinham sido sequestradas durante a mesma batida na qual tinham sido sequestrados dois sacerdotes muito próximos do senhor e que até pouco tempo antes dependiam do senhor?

O JUIZ PRESIDENTE se opõe.

ZAMORA: Como a testemunha declarou que por um esquecimento...

JUIZ PRESIDENTE: Seja como for, deve fazer uma pergunta. Senhor Bergoglio, lembra-se de como veio a saber que os padres Jalics e Yorio tinham sido libertados? Encontrou-se com eles? Quando?

BERGOGLIO: O padre Yorio me chamou diretamente. Eu lhe disse que não me dissesse onde estava e que não saísse de lá. Que me enviasse uma pessoa que me comunicasse um local para nosso encontro. Naquele momento, era preciso tomar todas as precauções

144 | APÊNDICE

possíveis. Reunimo-nos, conversamos; o problema era obter o passaporte, pois tínhamos de fazê-los sair do país. O Sr. Núncio [Pio Laghi] comportou-se muito bem e aceitou o meu conselho de que fossem acompanhados à repartição policial. Foi junto o secretário da nunciatura, com a cobertura diplomática para que não lhe acontecesse nada lá dentro. No caso de Yorio, entrou em contato comigo outras vezes para discutir o futuro dele. [...] Decidimos que o melhor seria mandá-lo a Roma, para estudar direito canônico. Em Roma, vi-o em várias ocasiões, durante as viagens que fiz. Depois, nunca mais o vi. Com Jalics, foi tudo mais rápido; foi imediatamente para os Estados Unidos, onde vivia a mãe dele.

JUIZ PRESIDENTE: O que lhe contaram?

BERGOGLIO: Contaram-me tudo. Que os tinham encapuzado, imobilizado e, depois de certo período, os tinham transferido para outro local, que podia ser uma casa na mesma região ou nas proximidades da ESMA, onde estavam convencidos de terem ficado até aquele momento. Estavam certos de que era a mesma região, porque ouviam o barulho da decolagem e da aterrissagem dos aviões. E que os tinham libertado adormecidos num campo em Cañuelas.

JUIZ PRESIDENTE: Contaram ao senhor em que condições tinham sido detidos?

BERGOGLIO: Sim; muito precárias, dolorosas e humilhantes.

JUIZ PRESIDENTE: De que detalhes se lembra?

BERGOGLIO: Que não os deixavam tomar banho. Não me lembro se disseram alguma coisa sobre a alimentação.

JUIZ PRESIDENTE: Punições corporais diretas?

BERGOGLIO: Não me disseram nada. Pelo relato deles, tive a impressão de que a detenção toda deles tinha sido uma grande tortura, mas de atos específicos de tortura não me lembro.

JUIZ PRESIDENTE: Pancadas, choques elétricos?

BERGOGLIO: Não me disseram nada. Não digo que não tenha havido, apenas que não me contaram.

JUIZ PRESIDENTE: Outras coisas?

BERGOGLIO: Insultos. Mais que insultos, diziam-lhes: "Olhe aonde você veio parar; Jesus Cristo diz que os pobres são bem-aventurados, mas os pobres de espírito, não aqueles com quem vocês trabalham!".

ZAMORA: Uma vez que o senhor soube de tudo isso, que iniciativas tomou?

BERGOGLIO: Em que sentido?

ZAMORA: Meios legais, públicos, de dentro da Igreja, informações da hierarquia.

BERGOGLIO: O primeiro passo foi o de proteger a incolumidade física deles. Para isso lhes recomendei que não dissessem onde se encontravam. O segundo passo e minha preocupação era fazê-los sair do país. Obviamente, o bispo local foi informado e telefonamos a Roma. No caso do padre Yorio, era preciso garantir seu futuro em Roma e incardiná-lo na diocese de Quilmes.

JUIZ PRESIDENTE: Lembra-se se foi feita denúncia às autoridades judiciárias?

BERGOGLIO: Não me lembro; e, se foi feita, optou-se pela via eclesiástica, com o arcebispado, ou por meio da CEA, não me lembro, a fim de que fosse acrescentada a todas as outras denúncias e fossem apresentadas todas juntas.

JUIZ PRESIDENTE: Haveria modo de ter acesso aos arquivos?

BERGOGLIO: Sim. Farei que se procure.

ZAMORA: Os padres Yorio e Jalics lhe contaram se estavam detidos sozinhos ou num lugar onde havia outras pessoas?

BERGOGLIO: Havia outras pessoas, mas penso que os dois estavam numa cela sozinhos, pelo menos segundo o que me contaram. Ouviam vozes de outras pessoas, mas, pelo que me disseram, estavam num local sozinhos.

ZAMORA: Ou seja, quer dizer que, no momento em que saíram, estavam certos de que havia outras pessoas sequestradas naquele lugar?

BERGOGLIO: Sim, sim.

ZAMORA: Não pensou em fazer uma denúncia imediata pela vida daquelas pessoas?

BERGOGLIO: Fizemos todas as denúncias por via eclesiástica.

ZAMORA: E por que não por vias legais, se era um crime?

BERGOGLIO: Por autodisciplina, preferimos fazer todas as denúncias juntas, passando pela hierarquia eclesiástica.

JUIZ PRESIDENTE: Quem tinha a responsabilidade de decidir se fazer uma denúncia ou não? O senhor mantinha informado o superior da sua ordem?

BERGOGLIO: Sim.

JUIZ PRESIDENTE: Era o superior da sua ordem quem decidia se apresentá-la à justiça?

BERGOGLIO: Sim.

[...]

ZAMORA: Quais foram as reações, as opiniões, as atitudes dos padres Yorio e Jalics diante da decisão de dissolver a comunidade do bairro Rivadavia?

BERGOGLIO: Foi a reação normal de seguir o voto de obediência, que é a de expor ao próprio superior as razões pelas quais a comunidade não devia ser dissolvida. Estudou-se e se chegou à conclusão de que [...] seria dissolvida de qualquer jeito. Teve de intervir o padre geral. Foi um processo longo, de quase um ano e meio. O padre geral disse que ou seria dissolvida ou seria preciso procurar outro caminho. Eles estavam expondo corretamente, como funcionavam as regras da Companhia.

O JUIZ PRESIDENTE lhe pede que esclareça o que significa "expor" na linguagem técnica.

BERGOGLIO: Quando dão uma ordem a uma pessoa e ela não está de acordo [...], tem o direito, segundo o voto de obediência, de expor as suas razões sobre o porquê de aquela ordem não estar correta, aduzindo motivos e mediante um bom diálogo.

ZAMORA: Disse que havia, porém, uma alternativa de procurar outros caminhos. Quais eram?

BERGOGLIO: Sair da Companhia e exercer o ministério fora dela, dependendo de um bispo.

ZAMORA: Pode-se ficar sem depender de um bispo ou entrar para outra congregação?

BERGOGLIO: Deveriam ter procurado um bispo ou passar a fazer parte de outra congregação.

ZAMORA: O que aconteceu quando a "exposição" deles foi recusada?

BERGOGLIO: Pediram, então, para sair da Companhia.

ZAMORA: Que formalidades houve e como terminou o processo das demissões de Yorio e de Dourron?

BERGOGLIO: Tratou-se do caso, que foi enviado a Roma e, quando chegou a resposta, dizia que lhes tinham sido concedidas as demissões, e ao padre Jalics, a permissão de iniciar o processo do indulto de secularização, ou seja, passar para o clero secular.

ZAMORA: Quando aconteceu?

BERGOGLIO: Lembro-me de quando foram comunicadas as demissões aos padres Dourron e Yorio. Era o dia 19 de março de 1976.

ZAMORA: Então, tiveram de arranjar um...

BERGOGLIO: ... um bispo, sim.

[...]

ZAMORA: Lembra-se de ter sugerido aos dois sacerdotes que fossem falar com o bispo de Morón, dom Miguel Raspanti, ou com outros?

BERGOGLIO: Sugeri a eles vários bispos, inclusive alguns que eles já conheciam, como Novak, Zazpe, Raspanti.

ZAMORA: Afirma que o relatório não era obrigatório, mas um processo habitual. O senhor apresentou algum relatório a Raspanti?

BERGOGLIO: Chamou-me por telefone e falamos a respeito numa longa conversa na qual pediu informações sobre cada um deles.

ZAMORA: Entendo que diz que era importante a transferência dos dois sacerdotes, sobretudo porque havia um conflito com eles, que tinham recorrido à exposição. Nesse caso, é prática habitual fazer um relatório por escrito?

BERGOGLIO: Não é necessário, não é prática habitual. Se é solicitado, é preciso fornecê-lo, de um modo ou de outro. Naquele caso foi feito verbalmente, e não me lembro se deixei alguma coisa por escrito.

ZAMORA: No caso de ter havido alguma coisa escrita, haveria modo de conseguir uma cópia daquele relatório?

BERGOGLIO: Sim, sempre se pode procurar. É possível.

ZAMORA: Sabe o que aconteceu com os processos de Yorio e Jalics, a quem chegaram e com que resultado?

BERGOGLIO: Sei que dom Raspanti aceitou um dos três. Suponho que, prescindindo-se do que se dizia de um ou de outro, não queria aceitar um grupo, somente um. É uma interpretação minha, que deduzi das minhas conversas telefônicas com ele.

ZAMORA: Lembra-se se o bispo Raspanti foi encontrá-los no Colégio Máximo como parte do acordo?

BERGOGLIO: Quando os padres Jalics e Yorio saíram da Companhia, a residência do provincial era em Buenos Aires, não no Colégio Máximo.

ZAMORA: As conversas telefônicas com dom Raspanti foram antes ou depois de deixarem a Companhia?

[...]

ZAMORA: Houve outros bispos que o contataram como fez Raspanti?

BERGOGLIO: Não.

ZAMORA: Conhece a teóloga Marina Rubino [uma das acusadoras de Bergoglio]?

BERGOGLIO: Era uma aluna da faculdade de teologia, creio que de Moral, ou, quem sabe, se inscrevera no curso de graduação de Moral na faculdade de teologia. Terá sido nos anos Oitenta.

ZAMORA: Para ajudar a sua memória, sabe ou se lembra se Marina Rubino se encontrou com dom Raspanti no Colégio Máximo, o qual estava esperando para falar de Jalics e de Yorio?

BERGOGLIO: Não sabia disso.

ZAMORA: Senhor Bergoglio, qual foi o procedimento interno que seguiu para transmitir o que tinha sabido por boca de Yorio e de Jalics?

BERGOGLIO: Oralmente, ao senhor arcebispo. Dado que estava para ir a Roma, informei detalhadamente ao padre geral, à Companhia de Jesus e às províncias argentinas nas diferentes reuniões que estávamos tendo junto com eles.

ZAMORA: Sabe se foi decidido conscientemente de não tornar público o que sabiam ou o que tinham sofrido?

BERGOGLIO: Não sei.

ZAMORA: Sabe o que fizeram as hierarquias depois que o senhor as deixou informadas?

BERGOGLIO: Não.

ZAMORA: O senhor incluiu nas suas conversações o fato de saber da existência de um campo de detenção clandestino na ESMA e o tratamento a que foram submetidos?

BERGOGLIO: Sim.

ZAMORA: Procurou respostas?

O ADVOGADO DE BERGOGLIO se opõe: Aqui não estamos submetendo a processo nem Bergoglio nem a Igreja católica.

O JUIZ PRESIDENTE aceita a pergunta, mas pede que Zamora não se alongue.

ZAMORA: Dado que o senhor os tinha informado, era prática normal fazê-los saber o que fora feito ou o senhor teve a preocupação de perguntar?

BERGOGLIO: Não me informaram.

JUIZ PRESIDENTE: Não o informaram. E o senhor se interessou de algum modo por saber se tinha havido ou não alguma resposta?

BERGOGLIO: Sim. Alguma coisa, em geral. Eu procurava respostas, mas muito vagamente. Não me lembro de detalhes.

150 | APÊNDICE

JUIZ PRESIDENTE: A respeito daquela denúncia à justiça de que falávamos antes, foi feita ou não?

BERGOGLIO: Não tenho ideia, mas acho que sim.

JUIZ PRESIDENTE: O que se fez?

BERGIGLIO: Acho que sim, mas não tenho certeza.

JUIZ PRESIDENTE: Dependia do padre geral da Ordem?

BERGOGLIO: Do prepósito geral da Ordem e da autorização dele

[...]

JUIZ PRESIDENTE: E para saber alguma coisa seria necessário solicitar isso ao atual prepósito geral da Ordem, para ver se há registros?

BERGOGLIO: Ou aqui, à Conferência episcopal, ou ao arcebispo, que são os que se ocupavam dos processos.

ZAMORA: O prepósito geral da Ordem não vivia na Argentina?

BERGOGLIO: Não.

ZAMORA: E era somente essa a pessoa autorizada a se ocupar desse tipo de processos ou denúncias, a qual não vivia na Argentina, ou havia algum outro além do senhor [Bergoglio]?

BERGOGLIO: Normalmente eu dava a autorização para que se levassem a cabo os processos e em relação a onde cumpri-los.

ZAMORA: O fato de Yorio e Jalics terem lhe contado o que tinham sofrido — levando em conta que o senhor considera que o trabalho de Yorio e de Jalics (como o dos que desenvolviam tarefas semelhantes) era objeto de críticas e de acusações —, estimulou-o a fazer alguma coisa para proteger também os outros?

BERGOGLIO: Sim, a recomendar que fossem tomadas específicas medidas de segurança. Até para as coisas as mais fúteis, às vezes. Específicas medidas de segurança.

ZAMORA: Sabe se alguém lhe disse alguma coisa de Yorio ou de Jalics, ou o soube por outros canais? Que algum sacerdote tinha ido à ESMA para dar a comunhão a Jalics e a Yorio?

BERGOGLIO: Ouvi dizer. Mas não posso jurar sobre a veracidade disso. Mas ouvi dizer.

ZAMORA: Lembra-se de quem ouviu falar?

BERGOGLIO: Provavelmente de alguns jesuítas que estavam fazendo averiguações. Não me lembro se padre Storni ou outros.

ZAMORA: As pessoas que estavam fazendo as averiguações e às quais o senhor faz referência — e isso é muito importante porque chegaram a saber onde se encontravam, no caso de Storni, ou a presumir onde estavam presos —, essas pessoas eram pessoas próximas do senhor?

BERGOGLIO: Alguns eram jesuítas, outros leigos, amigos dos jesuítas; eram pessoas que se ofereciam [para ajudar]. O que é importante saber aqui é que era preciso evitar que desaparecessem definitivamente.

ZAMORA: Refiro-me ao fato de que —, para nos ajudar a continuar com o inquérito —, sendo essas pessoas próximas do senhor, não poderia identificar algumas, além de Storni?

JUIZ PRESIDENTE: Já respondeu, já disse.

ZAMORA: Não, não. Estamos falando aqui de outra situação.

JUIZ PRESIDENTE: Qual? A seguinte?

ZAMORA: Decerto. A pergunta se referia ao sacerdote que levou a comunhão.

BERGOGLIO: Sim, dizia-se; todos diziam que Storni era um deles, mas diziam que levavam a comunhão a eles. Isso era o que se dizia entre os próprios jesuítas.

ZAMORA: O senhor não era um simples jesuíta; o senhor era o provincial. Como provincial e ao saber de tudo isso, não podia fazer com que alguém levasse a comunhão a eles, na ESMA? Um sacerdote, obviamente. Pode dar motivos pelos quais o senhor não podia fazer alguma coisa a mais do que o que vinha fazendo?

BERGOGLIO: Não entendo.

ZAMORA: Por meio de todas as pessoas que o cercavam, leigos ou membros da Companhia de Jesus, ou da Igreja, não sei quanta influência tinha, mas o senhor veio a saber que havia um sacerdote que, segundo a sua versão, levava a comunhão aos dois sacerdotes prisioneiros e que até poucos dias antes do sequestro dependiam do senhor como provincial.

Saber todas essas coisas não o levou a querer fazer algo a mais, descobrir onde se encontravam os sacerdotes, onde podiam ser localizados, onde libertá-los?

BERGOGLIO: Quem leva a comunhão não deve ser necessariamente um sacerdote. Pode ser também um leigo qualquer. Isso é mais comum do que se pensa.

[...]

ZAMORA: Estamos falando de como veio a saber do lugar em que estavam encarcerados e de como o senhor continuou a fazer o que vinha fazendo.

BERGOGLIO: Eu não tinha nenhuma certeza de que se encontrassem na Escola Superior de Mecânica da Armada; nenhuma certeza, até que eles próprios me confirmassem depois da libertação.

[...]

ZAMORA: *A posteriori*, depois de tudo o que aconteceu, entre o sequestro e a libertação dos sacerdotes e de alguns catequistas, o senhor fez alguma coisa para o processo do passaporte de Francisco Jalics perante as autoridades da ditadura militar?

BERGOGLIO: Sim.

ZAMORA: Quando?

BERGOGLIO: Não me lembro da data, mas penso que foi em 1978; é possível. Não me lembro da data exata.

ZAMORA: Em que consistiu a sua intervenção?

BERGOGLIO: O padre devia renovar o passaporte. Era húngaro, cidadão argentino ou residente argentino, não estou bem a par, mas tinha um passaporte argentino. Naquela época, era um refugiado húngaro, expatriado, numa situação um tato apátrida. O único documento para se transferir, em razão da ditadura na Hungria, era o passaporte argentino, que estava para vencer. Pouco antes do vencimento, seria preciso vir aqui para renová-lo. A nosso ver, era uma coisa perigosa. Por isso, fiz o pedido às autoridades; de acordo com o conselho dele, como me escreveu o próprio padre Jalics; que lhe renovassem o passaporte, que dessem

Interrogatório do Cardeal Bergoglio no "Processo ESMA", de 2010 | 153

instruções a fim de que a embaixada em Bonn pudesse lhe renovar o passaporte. A desculpa que usei era de que a viagem era muito custosa.

ZAMORA: Sabe como as coisas terminaram?

BERGOGLIO: Negaram o pedido.

ZAMORA: Sabe das razões?

BERGOGLIO: Não.

ZAMORA: Perguntou por que, dado que era um processo seu?

BERGOGLIO: Sim. Disseram-me que não, que era necessário renová-lo aqui.

ZAMORA: E quem lhe disse isso? A que funcionário se dirigiu para o processo?

BERGOGLIO: Ao que o recebeu, na Chancelaria. Não me lembro quem era, mas sei que entreguei tudo, expliquei a situação e, mais tarde, me disseram que não era costume, ou que não podiam, algo do gênero.

ZAMORA: Era ou não era o diretor do Culto católico da Chancelaria, Orcoyen?

BERGOGLIO: Não me lembro.

ZAMORA: Mas era o diretor do Culto católico da Chancelaria?

BERGOGLIO: Era o funcionário que recebeu e guardou os papéis. Sei que fui à Chancelaria, provavelmente a seção de Passaportes ou Negócios estrangeiros, mas não me lembro.

ZAMORA: Portanto, se não o soube pelo funcionário, depois o soube por outras vias, por que [fora negada a renovação]?

BERGOGLIO: O porquê era óbvio. Queriam-no aqui.

JUIZ PRESIDENTE: Foi o que lhe disseram, ou é uma dedução sua?

BERGOGLIO: É uma hipótese minha.

ZAMORA: Na conversa com esse funcionário que guardou o processo, houve somente um colóquio ou houve outros?

BERGOGLIO: Foi um só. Entreguei o processo; perguntou-me o que havia acontecido com o padre; expliquei-lhe que tinha sido detido, que tinham acusado a ambos de serem guerrilheiros e que não tinham nada a ver com isso. E pronto.

ZAMORA: Lembra-se de alguma outra coisa que disse a ele? Além de que estava preso, disse-lhe por parte de quem, por quê?

BERGOGLIO: Não sei se lhe disse que tinha estado na Escola Superior de Mecânica da Armada. Provavelmente lhe terei dito, não me lembro. Se fosse, não creio que me teria perguntado onde tinha estado detido, pois, afinal, já o sabia; não creio que me tenha perguntado. Sim; lembro-me do que sempre disse: que foram detidos, acusados de serem guerrilheiros e que, porém, não tinham nada a ver com tudo isso.

ZAMORA: Por que usa o termo "detenção", quando sabia que Yorio e Jalics tinham sido sequestrados?

BERGOGLIO: Não sei. Era o meu vocabulário...

[...]

ZAMORA: O senhor nunca ouviu falar da ilha El Silencio, no Tigre?[7]

BERGOGLIO: Não.

ZAMORA: Nunca ouviu falar dela ou naquele momento não tinha ainda ouvido falar a respeito?

BERGOGLIO: Não me lembro se nunca ouvira falar dela.

ZAMORA: Ou de uma ilha que a Igreja católica possuía no Tigre?

BERGOGLIO: Estou quase certo de que, naquela época, havia no Tigre somente uma capela paroquial, mas não uma ilha.

ZAMORA: Naquele momento, ou no tempo da ditadura?

BERGOGLIO: Não sei.

ZAMORA: Quando foi a última vez que viu Jalics e Yorio?

BERGOGLIO: Vi Jalics em Buenos Aires. Veio muitas vezes aqui. Pediu-me a permissão de dar cursos, como fazem normalmente os sacerdotes que vêm de fora, e eu o concedi com muito prazer. Uma vez,

---

7. Tigre indica seja a cidade, seja o homônimo departamento na província de Buenos Aires. A cidade surge no delta do rio Paraná.

Interrogatório do Cardeal Bergoglio no "Processo ESMA", de 2010 | **155**

veio falar comigo e me pediu um encontro. Outra vez, lembro-me, concelebramos na catedral, para uma celebração de um curso de catequese. A última vez que o vi terá sido há dois anos e meio, mais ou menos, aqui em Buenos Aires.

ZAMORA: E Yorio?

BERGOGLIO: A última vez que o vi foi em Roma, quando estava estudando. Encontrei-o umas duas vezes, talvez três. Depois voltou e se ordenou. Sei que mais tarde se transferiu e foi viver no Uruguai.

ZAMORA: Os cardeais possuem algum dossiê com os antecedentes dele, a carreira dele? Prepara-se um dossiê? Existe alguma coisa semelhante, se esse não for o termo correto?

BERGOGLIO: Não sei; depende da Santa Sé.

ZAMORA: O senhor não sabe se a Santa Sé os prepara?

BERGOGLIO: Não sei.

ZAMORA: Refiro-me, por exemplo, a quando se reúne o conclave para a eleição do novo papa.

JUIZ PRESIDENTE: Não responda, senhor Bergoglio. Termine, doutor Zamora.

ZAMORA: Se nesse caso se preparam dossiês sobre cada um dos cardeais com seus antecedentes e a sua carreira?

ADVOGADO DE BERGOGLIO: Aqui não estamos submetendo a julgamento nem a Igreja católica nem o cardeal Bergoglio, nem se este tema tenha tido alguma influência sobre a eleição do pontífice que sucedeu a João Paulo II. Não tem nada a ver com a causa em andamento.

JUIZ PRESIDENTE: Não vejo aonde quer chegar com essa pergunta, mas pode reformular.

ZAMORA: Gostaria de lhe fazer perguntas sobre alguns elementos...

JUIZ PRESIDENTE: Por que não lhe faz diretamente a pergunta?

ZAMORA: No caso de haver um dossiê, o seu incluiria referências aos casos de Jalics e de Yorio?

156 | APÊNDICE

BERGOGLIO: Primeiro, não sei se existe um dossiê. Segundo, no conclave de que participei não me deram nenhum dossiê sobre nenhum cardeal.

ZAMORA: Quando Jalics e Yorio lhe contaram o que tinham sofrido, fizeram alguma referência mais precisa às torturas, ao tratamento degradante? Conseguiram identificar algum?

BERGOGLIO: Não; não puderam identificar nenhum.

JUIZ PRESIDENTE: E a que força teriam podido pertencer os sequestradores deles?

BERGOGLIO: Estavam convencidos de estarem na Escola Superior de Mecânica da Armada, quer fosse no primeiro período da detenção deles, quer no segundo, que era um lugar próximo [da ESMA].

JUIZ PRESIDENTE: Num local separado do resto?

BERGOGLIO: Separado e muito menor. Como uma grande casa, ou coisa do gênero.

ZAMORA: Lembra-se de quais elementos lhe forneceram para confirmar a versão deles?

BERGOGLIO: Não, mas eu não tinha dúvida alguma.

ZAMORA: Não tenho mais perguntas.

Interrogatório do Ministério Público; doutora Monaschi

MONASCHI: Lembra-se se em algum momento foram celebrados os funerais de Yorio e Jalics enquanto eram ainda prisioneiros?

BERGOGLIO: Não, não me lembro.

MONASCHI: Poderia nos contar brevemente que tipo de pessoas eram os padres Yorio e Jalics, como se lembra deles antes do sequestro?

JUIZ PRESIDENTE: Está perguntando sobre a personalidade deles?

MONASCHI: Sim, como se lembra deles.

BERGOGLIO: Bons religiosos, ambos muito inteligentes, bons professores. Jalics tinha um dom especial para a direção espiritual. Foi meu conselheiro espiritual por dois anos, e Yorio tinha uma refinada sensibilidade, misturada, porém, a uma inteligência superior à média. Isso dava vida a uma liga que tornava as suas aulas de teologia extremamente profícuas.

MONASCHI: O senhor declarou ter tido uma relação de amizade também com a senhora Esther de Careaga. A mesma pergunta: o que lembra dela durante o período em que trabalharam juntos?

BERGOGLIO: Uma mulher que me ensinou a trabalhar. A fazer as análises precisas, da glicerina e daquele tipo de substância [...]. Ensinou-me a trabalhar bem, cientificamente. Uma mulher com um bom senso de humor, uma mulher que me introduziu no mundo da política. Era uma febrerista, do Partido Febrerista paraguaio, exilada aqui[8]. Fazia-me ler várias coisas, os artigos de Barletta, por exemplo; falávamos e comentávamos a respeito. Devo muito àquela mulher. Depois, pelo fato de eu ser padre e tudo, permanecemos amigos. Uma vez, me chamou e me perguntou: "Ei, podes vir até minha casa, pois a minha sogra está mal e quero que lhe dês a extrema unção?". Pareceu-me estranho, porque não eram crentes, embora a sogra o fosse, era muito devota, mas me pareceu estranho. E me pediu onde podíamos esconder a biblioteca, porque a mantinham sob vigilância. Já lhe tinham sequestrado uma filha e, depois, a tinham libertado. Tinha três filhas. Lembro-me dela como de uma grande mulher e, tanto para ela como para a senhora de Blanco, de Bianco [não se lembra bem do nome], que depois foi transferida, fui eu a dar a permissão para que fossem sepultadas na igreja de Santa Cruz[9].

MONASCHI: Não tenho outras perguntas.

---

8. O Partido Revolucionário Febrerista do Paraguai era um partido de inspiração socialista, fundado com a revolução de 17 de fevereiro de 1936. Foi constituído oficialmente como partido político em 1951 por alguns dos seus membros exilados em Buenos Aires.

9. Azucena Villaflor, Esther Ballestrino de Careaga e Maria Ponce foram todas mães do movimento das Madres de Plaza de Mayo, vítimas da ditadura argentina. Em 1977, foram sequestradas e torturadas na ESMA e, depois, mortas.

Interrogatório do doutor Rito (parte civil)

RITO: Na sua declaração, fez referência ao fato de que conhecia Adolfo Servando Tórtolo. Como o conheceu, onde e que papel desempenhava?

BERGOGLIO: Era o arcebispo de Paraná, vigário das Forças armadas e presidente da Conferência episcopal. Conheci-o a propósito da presidência dele na Conferência episcopal. Eu, provincial dos jesuítas, enviava relatório a ele quando aconteciam fatos desse tipo, que eram para nós fonte de preocupação. Numa ocasião tiveram de remover um consultor de uma organização da Igreja e ele, para me pôr a par, enviou-me uma carta. Eu fui até ele para protestar a respeito daquela remoção. Isso aconteceu ou antes ou concomitantemente com esse problema da ditadura.

RITO: O senhor se lembra de que cargo tinha em 1976?

BERGOGLIO: Era o presidente do episcopado, arcebispo de Paraná e vigário das Forças Armadas.

RITO: Por acaso ficou sabendo, ou não, se o vigário das Forças Armadas tinha se reunido com a hierarquia da ditadura?

BERGOGLIO: Não soube nunca de uma coisa do tipo "houve esse dia", mas é óbvio que se encontraram. Uma reunião, certamente a tiveram.

RITO: Acaso, soube do assunto?

BERGOGLIO: Certamente devia ter sido sobre esse problema dos sequestros, dos desaparecidos, mas não sei, são todas hipóteses minhas.

RITO: Não houve comunicação entre os senhores, não lhe disse nada?

BERGOGLIO: Não, não. Nesse caso, se me permite, gostaria de especificar a minha posição nesse xadrez. Eu era o provincial dos jesuítas, nomeado aos 36 anos de idade, e naquele momento tinha 40 e estava muito distante de todo o corpo episcopal, das assembleias episcopais. O bispo não me era algo acessível. Somente o bispo local a quem nos reportávamos. Se eu fosse bispo naquele momento, teria tido outro tipo de relacionamento com ele e, por isso, teria tido mais acesso aos dados. Tudo isso para fazer entender a minha posição naquele momento.

RITO: Lembra-se de alguma vez ter ouvido a expressão "padres das favelas" [*curas villeros*]?

BERGOGLIO: Sim.

RITO: O que significa? Em que contexto era dito?

BERGOGLIO: Eram os sacerdotes que trabalhavam nos bairros pobres. Acabou de sair um livro sobre esse assunto. A autora é Silvina Premat. Ali se explica um pouco a mística deles, de Mugica até hoje. Mas tudo isso vem antes. Já na época do golpe militar de Onganía se falava a respeito[10]. A figura mais importante a que se faz referência e está ainda em vida é o padre Botán[11].

RITO: Na sua opinião, isso tem algo a ver com algumas declarações surgidas com o Concílio Vaticano II ou nelas se inspiram?

BERGOGLIO: Sim, embora a escolha dos pobres remonte aos primeiros séculos do cristianismo. Está no próprio Evangelho. Se eu lesse hoje, como homilia, alguns sermões dos primeiros Padres da Igreja, dos séculos II e III, sobre como devam ser tratados os pobres, os senhores diriam que a minha homilia seria maoista ou trotzkista. A Igreja sempre honrou a escolha de preferir os pobres. Considerava os pobres o tesouro da Igreja. Durante a perseguição do diácono Lourenço, que era administrador da diocese, quando lhe pediram para levar todos os tesouros da Igreja [...] apresentou-se com um mar de pobres e disse: "Estes são o tesouro da Igreja". E estou falando dos séculos II e III. A escolha dos pobres vem do Evangelho. Durante o Concílio Vaticano II, reformula-se a definição de Igreja como povo de Deus, e é aí que esse conceito ganha força e, na segunda Conferência geral do episcopado latino-americano, em Medellín, se transforma na forte identidade da América Latina.

---

10. Juan Carlos Onganía Carballo (1914-1995) tomou o poder com um golpe de Estado em 1966 e governou a Argentina até 1970.

11. Héctor Botán, Miguel Ramondetti e Rodolfo Ricciardelli foram, entre outros, fundadores do Movimento dos sacerdotes do Terceiro Mundo.

RITO: O que pensa das tarefas que desempenhavam esses padres das favelas no momento dos fatos?

BERGOGLIO: É diferente para todos os países da América Latina. Em alguns países houve envolvimento em mediações políticas. Por exemplo, uma leitura do Evangelho com uma hermenêutica marxista. Isso deu vida à teologia da libertação. Em outros países aproximaram-se mais da piedade popular e se afastaram de todos os compromissos políticos, mas optando pela política com P maiúsculo, para a promoção dos pobres e a assistência a eles. A Santa Sé deu dois pareceres, naquele momento, sobre a teologia da libertação, onde explicava bem as diferenças. Eram pareceres muito abertos, que encorajavam o trabalho com os pobres, mas dentro de uma hermenêutica cristã, não tomada de empréstimo a alguma visão política.

RITO: Eu lhe estava pedindo uma visão geral com relação aos padres das favelas que delas se ocupavam aqui na Argentina.

BERGOGLIO: Também na Argentina não há homogeneidade; depende das dioceses. Houve alguns muito envolvidos com algumas interpretações políticas [do Evangelho] e outros, porém, que são os que fundaram a linha que é seguida hoje, como o padre Ricciardelli, o padre Botán, de grande valor intelectual. O livro que acabou de sair os põe nesse nível. De promoção humana, de evangelização e de assistência ao povo de Deus. Do acompanhamento desse povo. Era heroico ir viver de modo tão compromissado com os pobres.

[...]

RITO: Há pouco, fez referência a uma reunião que teve com Fermín Mignone...

BERGOGLIO: Fermín?

RITO: O doutor Mignone.

BERGOGLIO: O doutor Mignone. Sim.

RITO: Quantas vezes se encontrou com Mignone?

BERGOGLIO: Uma, certamente. Uma, com certeza.

ADVOGADO DE BERGOGLIO: Senhor Bergoglio, não responda. Senhor presidente, já foi dito que houve uma reunião, que não se lembrava de uma segunda e que tinha cruzado com ele aqui na catedral.

Interrogatório do Cardeal Bergoglio no "Processo ESMA", de 2010 | 161

JUIZ PRESIDENTE: A objeção da defesa é pertinente.

RITO: Uma última pergunta. Há pouco, quando contou como se encarregou do processo do passaporte do padre Jalics na Chancelaria, o senhor não se lembrava do nome do funcionário. O meu colega lhe fez uma pergunta a respeito de Anselmo Orcoyen, lembra-se?

BERGOGLIO: Tenho vaga ideia desse nome, uma vaga ideia. Foi há 34 anos, não? Tenho vaga ideia, mas...

RITO: Em algum momento a Chancelaria lhe pediu, talvez, um relatório, antes de emitir o veredicto?

BERGOGLIO: Não.

RITO: O senhor nunca apresentou nenhum relatório, de modo algum?

BERGOGLIO: De modo algum. Simplesmente a carta que entreguei lá, numa repartição. Creio, acho que foi a Seção de Estrangeiros ou de Passaportes; algo assim, acho que foi isso, mas não me lembro.

RITO: Ou seja, aquela é a carta que abre o processo.

BERGOGLIO: Sim.

RITO: Agradeço-lhe. Não tenho mais perguntas.

PRESIDENTE: Doutora Bregman [advogada das associações de direitos humanos], por favor.

BREGMAN: Quando ficou sabendo da existência de centros de detenção clandestina na Argentina?

BERGOGLIO: A certeza de que existiam ganhou força durante os primeiros meses da ditadura. Foi aí que me dei conta de que havia gente "sugada", como então se dizia.

BREGMAN: Quando se deu conta de que os sacerdotes Jalics e Yorio tinham sofrido o mesmo destino, quais foram suas impressões naquele momento? Voltando àquele momento, era algo novo? Algo de que já ouvira falar?

BERGOGLIO: A minha primeira sensação, junto com uma preocupação, foi de que os tinham imediatamente libertado, porque não tinham nada de que os acusar. Eu sabia que não havia nada. Além disso,

162 | APÊNDICE

eu estava convencido, e estou até hoje, de que não foi uma ação realizada para procurar somente pelos dois, mas que, ao contrário, foi uma batida policial da qual foram vítimas. Disso não estou certo, é uma convicção pessoal minha. Portanto, num primeiro momento, pensei que sairiam logo, embora nós nos tivéssemos movido imediatamente. Mas jamais pensaria que a coisa duraria tanto.

BREGMAN: Lembra-se de quanto durou, por quanto tempo ficaram desaparecidos?

BERGOGLIO: Creio que de maio a outubro, não é assim? Saíram perto do Dia da Mãe[12].

BREGMAN: A certa altura, o senhor declarou que num dos seus colóquios com Massera, o senhor lhe disse que "não estavam envolvidos em nada estranho" ou uma expressão semelhante. A que se referia com a frase "estar envolvido em alguma coisa estranha"? E se tivesse sido o contrário?

BERGOGLIO: Coisas de guerrilha, subversivos etc.

BREGMAN: Isso seria o contrário? Seria essa a interpretação do contrário, "estar envolvido em algo estranho"?

BERGOGLIO: É o mesmo que dizer que estariam envolvidos em atos subversivos. Acontecera o mesmo em Mendoza com outro jesuíta, Juan Luis Moyano, o qual... Mas isso foi antes da ditadura... Bem, lá, imediatamente identificamos onde estava detido. Conseguimos organizar a fuga dele do país e foi para a Alemanha para terminar os estudos. Não tinha nada a ver, mas caíra vítima numa batida policial à procura dos catequistas.

BREGMAN: O senhor ficou sabendo que os senhores Jalics e Yorio teriam testemunhado durante o Juicio a las Juntas [processo contra a junta argentina]?

BERGOGLIO: Sim.

BREGMAN: O senhor estava presente ao depoimento deles? Acompanhou-os de algum modo?

---

12. A versão argentina do nosso Dia das Mães; cai no terceiro domingo de outubro.

BERGOGLIO: Não, não.

BREGMAN: Falou com eles antes ou depois do depoimento?

BERGOGLIO: Naquele momento, não. Antes, sim.

BREGMAN: Todavia, estou lhe perguntando se concomitantemente com o depoimento deles ou no dia anterior, a praxe, enfim.

BERGOGLIO: Não, no dia anterior, não.

BREGMAN: O senhor declarou, além disso, que os viu numa data, se bem entendi, pouco depois da libertação deles.

BERGOGLIO: Sim.

BREGMAN: Como os viu, fisicamente? De que se lembra?

BERGOGLIO: Apesar de tudo o que sofreram, vi-os íntegros. Suponho que, durante o último período da prisão deles, soubessem que seriam libertados e, por isso, creio que, de certo modo, isso lhes tornou a situação menos pesada. [...].

JUIZ PRESIDENTE: E fisicamente? Pois os conhecia de antes. Gordos, magros?

BERGOGLIO: Sempre foram magros. Sim, tinham emagrecido um pouco. Mas não os vi muito magros. Também aqui suponho que os tivessem tratado de outro modo durante o último período, antes da libertação. Mas é uma hipótese minha.

BREGMAN: O senhor leu, depois, o testemunho que deram Jalics e Yorio durante o Juicio a las Juntas?

BERGOGLIO: Não.

BREGMAN: Nunca quis saber do que tinham declarado ali?

BERGOGLIO: Interessava-me saber o que tinham feito. Pareceu-me boa coisa. Mas não li.

[...]

BREGMAN: Quando o senhor se deu conta de que havia crianças que a ditadura subtraía ilegalmente aos pais?

BERGOGLIO: Isso, recentemente... Bah, recentemente, já lá se foram dez anos.

[...]

BERGOGLIO: Talvez na época do Juicio de las Juntas. Por aí.

BREGMAN: Um pouco antes, portanto.

BERGOGLIO: Um pouco antes. Mais ou menos por aí, comecei a me dar conta disso.

BREGMAN: Falou-se por diversas vezes de uma documentação que poderia ser fornecida ou não ao processo. Para concluir, gostaria que fosse lembrado de que modo este tribunal pode se valer dessa valiosa documentação, dado que é pública e notoriamente sabido o fato de que grande parte dessa documentação pertence à Igreja. Isso se conclui de diversos testemunhos, inclusive de testemunhos fornecidos durante esse mesmo processo. Gostaria também que, antes do fim desta audiência, seja lembrado e se determine o modo e a rapidez com que este tribunal poderá entrar na posse dessa valiosa documentação presente nos arquivos.

JUIZ PRESIDENTE: Pergunte, doutora.

BREGMAN: Estou perguntando se se pode chegar a um acordo pelo qual possamos procurar e consultar essa documentação.

JUIZ PRESIDENTE: Portanto, a pergunta seria se o senhor, testemunha, se compromete a fazer examinar os arquivos.

BERGOGLIO: Sim. Não há problema algum. Encarregarei os responsáveis pelos arquivos de o fazerem. Todavia, a propósito de outros processos referentes aos mesmos casos, recebemos pedidos de documentação e enviamos o que tínhamos, tudo o que tínhamos.

BREGMAN: Para qual processo, lembra-se?

BERGOGLIO: Não. Mas sei pela Conferência episcopal que no ano passado, se não antes, houve um caso para o qual me pediram uma autorização e eu disse que sim, que o fizessem.

BREGMAN: Esse tipo de autorização, no caso de pedirem informações, chegam sempre ao senhor? É o senhor mesmo quem faz a busca?

BERGOGLIO: Sim. No arcebispado, sim. Sou eu que devo dar ordem ao responsável pelo arquivo do arcebispado. Se se encontra neste momento na Conferência episcopal, então sim, pois eu sou o presidente.

Interrogatório do Cardeal Bergoglio no "Processo ESMA", de 2010 | 165

Quando mudar o presidente, então será o novo presidente na chefia da Comissão executiva. Obviamente, sempre dizem que sim.

BREGMAN: Não tenho outras perguntas.

O doutor Zamora toma a palavra

[...]

ZAMORA: Nos 34 anos passados, ou seja, desde quando sequestraram os dois sacerdotes que lhe eram próximos e estando a par de importantes pormenores por meio deles, inclusive o que aconteceu na ESMA, por que nunca fez uma denúncia?

O JUIZ PRESIDENTE não admite a pergunta.

ADVOGADO DE BERGOGLIO: Porque a Justiça nunca o terá chamado a testemunhar.

JUIZ GERMÁN CASTELLI: Que posição tinham Jalics e Yorio a respeito da teologia da libertação?

BERGOGLIO: Tinham uma posição equilibrada, ortodoxa e em linha com as duas orientações da Santa Sé.

CASTELLI: Como era vista pela ditadura essa doutrina?

BERGOGLIO: Havia personagens de referência latino-americanos que as pessoas da ditadura consideravam baluartes do demônio, como Camilo Torres, o padre colombiano. A ditadura tinha a tendência de considerar essas referências como algo puramente revolucionário, marxista, de esquerda, como uma rendição do Evangelho à esquerda. Como declarei antes, sim, havia alguns que ensinavam teologia com uma hermenêutica marxista, uma coisa que a Santa Sé jamais aceitou; e outros que não, que, ao contrário, procuravam uma presença pastoral entre os pobres, a partir de uma hermenêutica do Evangelho. Os dirigentes da ditadura demonizavam toda a teologia da libertação, tanto os padres que seguiam a interpretação marxista — que eram poucos na Argentina, se comparada a outros países — quanto os que simplesmente viviam a vocação sacerdotal deles entre os pobres. Misturavam alhos com bugalhos.

CASTELLI: O senhor fez referência ao caso Mugica e às religiosas francesas. Conheceu alguma vez alguém que tenha desaparecido porque a ditadura o tenha acusado de partilhar dessas ideias, misturando alhos com bugalhos, como o senhor disse?

BERGOGLIO: O caso de La Rioja é sintomático. Começou antes da ditadura, no dia 13 de junho de 73, com o lançamento de pedras; creio que era território dos Yoma, aquele; atiraram pedras contras os padres e contra Angelelli, porque trabalhava com o povo; e terminou com a morte de Angelelli. Terminou entre aspas, porque aquele clima continuou, mas de modo diferente, com o homicídio, a tiro de pistola, do padre Murias, do padre Longueville, que era francês, e do catequista Pedernera, que foi também ele morto a tiro de pistola. A morte de Angelelli foi no dia 4 de agosto de 1976 e as de Longueville, Murias e Pedernera devem ter ocorrido vinte dias ou um mês antes. A seguir, foi o caso dos padres palotinos. Esse caso eu conheço bem, porque eu era o confessor do padre Alfredo Kelly, um homem de Deus que vivia plenamente o Evangelho. Dava a impressão de ser uma vingança, uma injusta prepotência[13].

CASTELLI: Os padres das favelas corriam risco pela escolha pastoral deles?

BERGOGLIO: Era uma situação de risco, e eles tinham consciência disso. Por isso, viviam tão unidos entre si e se apoiavam mutuamente. Em outras dioceses havia outros sacerdotes que tinham optado pelos pobres e que, afinal, desapareceram. Tinham consciência de que não estavam seguros como um padre comum de qualquer outra paróquia, mas de que era mais arriscado por causa do tipo de apostolado que viviam.

CASTELLI: Jalics e Yorio aderiram à teologia da libertação?

BERGOGLIO: Aderiam, mas eram equilibrados e ortodoxos e em linha com as duas orientações da Santa Sé; ou seja, estavam dentro dos limites do que pensa a Igreja, não seguiam uma interpretação marxista.

---

13. Cinco padres palotinos, entre os quais Alfredo Kelly, foram mortos numa verdadeira execução por um comando militar na residência deles em Buenos Aires, em 1976. Eram suspeitos de ter ligações com alguns grupos subversivos.

CASTELLI: Teve influência sobre sua decisão o fato de eles trabalharem nas favelas?

BERGOGLIO: De modo algum, porque nós encorajávamos o trabalho com os pobres. Durante meu provincialado, começaram a se aventurar pelo interior, para lugares mais pobres, até as reservas indígenas de Santa Victoria, no norte de Tartagal, postos avançados missionários com jesuítas que estavam completamente dedicados à missão deles. Soube de um caso... Em La Rioja foi muito perseguido um padre de Guandacol que era um jesuíta, precisamente por essa opção dele. Essas missões evangelizavam sempre em linha com o Concílio Vaticano II e Medellín.

[...]

CASTELLI: Que posição adotaram a Igreja argentina e o Vaticano a respeito da ditadura?

Os advogados de Bergoglio se opõem.

VALLE: Quis-se levar a julgamento a cúpula da Igreja católica durante a ditadura militar, processando inclusive o cardeal e até se chegou a vislumbrar a possibilidade de que [Bergoglio] não tenha sido escolhido como sucessor de João Paulo II por causa de um dossiê que teria circulado entre os cardeais. Se essas perguntas se admitem, então, simetricamente, se deve dar a oportunidade à testemunha para que possa, de algum modo, esclarecer a sua posição que é aqui submetida a escrutínio.

[...]

CASTELLI: O senhor pode ter sabido publicamente, por algum meio de comunicação, o que acontecera a Yorio e a Jalics?

BERGOGLIO: Conversei muito com todos os que me perguntaram, tornei público tudo o que eu sabia em relação à injustiça que sofreram; minha posição sobre isso é clara. Por conduta pessoal, não dou entrevistas aos jornais. Todavia, comuniquei isso a um jornalista, a fim de que conhecesse também a minha opinião. Os que me conhecem sabem que sempre falei de tudo isso, como falei aqui nesta tarde.

CRONOLOGIA

17 de dezembro de 1936 Jorge Mario Bergoglio nasce em Buenos Aires, de pais emigrados do Piemonte. O pai, Mario, está empregado nas ferrovias; a mãe, Regina Sivori, ocupa-se da educação dos cinco filhos.

11 de março de 1958 Entra para o noviciado da Companhia de Jesus.

13 de dezembro de 1969 É ordenado sacerdote.

22 de abril de 1972 Emite a profissão perpétua na Companhia.

31 de julho de 1973 É eleito superior provincial dos jesuítas da Argentina.

24 de março de 1976 Uma junta militar encabeçada pelo general Jorge Videla depõe com um golpe o governo de Isabel Perón. É imposto um modelo econômico neoliberal e posto em prática um imponente aparato clandestino de repressão.

1977 Intensifica-se a "guerra suja" contra os supostos opositores, perseguidos como "subversivos". A repressão segue uma prática comprovada: sequestro, tortura, morte. Muitas vezes, os condenados, atados de pés e mãos, são jogados vivos no Río de la Plata. Nascem assim os primeiros movimentos dos familiares dos desaparecidos; o mais ativo é o das Mães da Praça de Maio.

1978 O regime ostenta a Copa do Mundo na Argentina como símbolo da "paz" que reina no país.

1980-1981 O general Eduardo Viola sucede a Videla e entra em choque com o chefe da Marinha, o almirante Eduardo Massera, o líder político de uma eventual transição para um regime de democracia formal.

169

1982 Dois dias depois de um violento protesto sindical, o terceiro chefe da Junta, o general Leopoldo Galtieri, na tentativa de recuperar o consenso com uma operação espetacular, ordena, no dia 2 de abril, a ocupação militar das Falkland-Malvinas, arquipélago britânico reivindicado pela Argentina. O Reino Unido reage, infligindo à Argentina uma rápida derrota. O resultado da guerra acelera o fim do regime. No mês de junho assume a presidência o general Reynaldo Bignone.

1983 Bignone convoca eleições democráticas para o dia 30 de outubro. Sai vitorioso o radical Raúl Alfonsín, que toma posse no dia 10 de dezembro, anunciando o processo contra ex-comandantes das juntas militares.

1984 A Justiça militar, primeiro, e, depois, a civil dão início aos processos contra os militares acusados de terem violado os direitos humanos. Por iniciativa do governo, uma comissão especial (CONADEP), presidida pelo escritor Ernesto Sábato, verifica que os desaparecidos tinham sido 8.900. Mas, segundo pesquisas ulteriores realizadas pelos organismos para os direitos humanos, as pessoas desaparecidas chegam a 30 mil.

1985 Videla e outros quatro ex-comandantes são condenados a longas penas de detenção (dois deles à prisão perpétua) e presos.

1986 Os processos contra os outros militares provocam mal-estar nos quartéis.

1987 Durante a Semana Santa, verifica-se uma sublevação militar em apoio aos militares que se recusam a depor nos processos. Algumas semanas depois, o Congresso aprova, a pedido do presidente Alfonsín, uma lei de "Obediência Devida", que subtrai os militares à eventualidade de um processo pelos crimes cometidos durante o regime.

1988 Os ultranacionalistas *carapintadas* organizam duas sublevações militares, exigindo a suspensão dos processos e o reconhecimento da "luta contra a subversão". A teoria é que na Argentina não tenha havido uma ditadura a reprimir ferozmente qualquer dissidência, mas uma guerra dura e necessária entre movimentos subversivos e um aparato militar que teria se limitado a restaurar a ordem.

1990 O presidente Carlos Menem, que sucedera Alfonsín em 1989, concede o indulto aos cinco ex-comandantes condenados.

20 de maio de 1992 Depois de ter assumido vários cargos no campo universitário e pastoral, Bergoglio é nomeado bispo auxiliar de Buenos Aires.

3 de junho de 1997 É nomeado arcebispo coadjutor de Buenos Aires.

28 de fevereiro de 1998 Sucede ao cardeal Quarracino como arcebispo da capital argentina.

21 de fevereiro de 2001 João Paulo II o faz cardeal.

2003 O Congresso vota a favor da nulidade da lei da "Obediência Devida", que protegia dos processos os responsáveis pelos crimes perpetrados durante a ditadura. O governo da Argentina é presidido pelo neoperonista Néstor Kirchner, pertencente à ala esquerda do Partido Justicialista.

2005 Bergoglio é eleito presidente da Conferência episcopal argentina, cargo de novo confirmado em 2008.

18 de abril de 2005 Participa do conclave em que é eleito Bento XVI. Segundo reconstruções confiáveis, é o segundo.

14 de junho de 2005 A Corte Suprema declara definitivamente nulas as leis da "Obediência Devida" e do "Ponto Final", reabrindo as portas para a averiguação da verdade judicial.

25 de abril de 2007 A Corte Penal Federal julga inconstitucional o perdão concedido em 1990 pelo presidente Menem a Jorge Rafael Videla e a Emilio Eduardo Massera. Para os dois continuam válidas as condenações de prisão perpétua, de 1985.

8 de novembro de 2010 Morre o almirante Massera, 85 anos, internado num hospital militar. Não conseguira se recuperar de um aneurisma cerebral que sofrera em 2004.

22 de dezembro de 2010 Videla é novamente condenado à prisão perpétua pela morte de 31 detidos.

2010 Bergoglio é interrogado no âmbito do "Processo ESMA".

5 de julho de 2012 É cominada a Videla uma nova pena de 50 anos de reclusão por rapto e subtração de identidade perpetrados aos filhos de desaparecidos.

13 de março de 2013 Bergoglio é eleito papa e escolhe o nome de Francisco, primeiro bispo de Roma a decidir se chamar como o Santo de Assis.

17 de maio de 2013 Videla morre inesperadamente no cárcere, aos 87 anos de idade.

BIBLIOGRAFIA

BERGOGLIO, J. M. *Papa Francesco. Il nuovo papa si racconta*, Conversazione con S. Rubin e F. Ambrogetti. Salani, 2013.

BERGOGLIO, J. M. — SKORKA, A. *Il cielo e la terra. Il pensiero di papa Francesco sulla famiglia, la fede e la missione della Chiesa nel XXI secolo*. A cura di D. F. Rosenberg, Mondadori, 2013.

HIMITIAN, E. *Francesco. Il papa della gente. Dall'infanzia all'elezione papale, la vita di Bergoglio nelle parole dei suoi cari*. Rizzoli, 2013.

Nunca más. Rapporto della Commissione nazionale sulla scomparsa di persone in Argentina. Emi, 1986.

ROSTI, M. *Argentina*. Il Mulino, 2011.

VERBITSKY, H. *L'isola del silenzio. Il ruolo della Chiesa nella dittatura argentina*. Fandango Libri, 2006.

ZANATTA, L. *Storia dell'America Latina contemporanea*. Laterza, 2010.

AGRADECIMENTOS

O papa Francisco tinha acabado de ser eleito. Escrevi o meu primeiro artigo sobre ele mediante entrevista com alguns de seus velhos amigos de Buenos Aires. Não tive tempo de terminar o trabalho e já chegavam à internet as suspeitas referentes à conduta de Jorge Mario Bergoglio no tempo da ditadura. Eu não sabia muito a respeito. Varei a noite a ler, passando em revista livros e usando as ferramentas de pesquisa. Muita coisa não batia. Alguns documentos eram controversos, outros nitidamente conflitantes. De manhã, enviei um SMS. Destinatário: Marco Tarquinio, o meu diretor. "Se quiseres, posso trabalhar sobre as acusações contra Bergoglio. Circulam documentos dúbios e imagens falsas". Ao chegar à redação, recebi o OK. Daí nasceu uma pesquisa publicada pelo *Avvenire* em cinco sessões. Não se excluía que em nossas pesquisas pudesse aparecer alguma coisa controversa ou comprometedora. Todavia, decidimos ir fundo. Por isso, sou grato a Marco Tarquinio e a seu "faro".

Decerto, este ensaio não existiria sem Stella Sciacca e Lorenzo Galliani. Por semanas, acompanharam o trabalho, das primeiras indagações à pesquisa das respostas obtidas, à redação do texto. Não houvesse por parte deles a combinação de insaciável curiosidade, argúcia, paciência e pertinácia, *A Lista de Bergoglio* seria um banco de três pés.

Gratidão também à redação do *Avvenire*, que nos dias da "contrapesquisa" — quando outras nobres mídias tinham abraçado acriticamente a tese dos acusadores de Bergoglio — torceu por este subscrito. Entre tantos, não posso deixar de citar Alessandro Zaccuri, pelo encorajamento e por muito mais; Andrea Lavazza, Luciano Moia e os redatores-chefes que me encarregaram do primeiro serviço sobre o novo papa, do qual nasceu este trabalho; Lucia Capuzzi (quem se beneficiou pelo menos uma vez das suas observações e da sua seção de contatos sabe o que eu pretendo dizer). E também Filippo Rizzi, amigo tolerante, mais que colega, extraordinário conhecedor de histórias eclesiais e de assuntos "jesuíticos".

Muitas outras pessoas deram uma contribuição. Entre todos os que cooperaram com nossas pesquisas, sou grato ao arcebispo de Monreale, dom Michele Pennisi, ao bispo de Concordia-Pordenone, dom Giuseppe

Pellegrini, à colega Silvina Perez, ao staff do SERPAJ (o Serviço para a Paz e a Justiça) do prêmio Nobel da Paz, Adolfo Pérez Esquivel.

Agradeço também aos jornalistas argentinos (uma autêntica mina de notícias), que não desistem, apesar do ostracismo dos poderes fortes de Buenos Aires.

Ainda que inusitado, não posso me eximir de expressar reconhecimento ao Editor, que acolheu minha proposta, pondo-me à disposição os melhores profissionais e os recursos necessários para compilar *A Lista de Bergoglio*.

E devo uma saudação a todos os que me bateram a porta na cara, a quem se mostrou reticente e a quem me aconselhava a "deixar pra lá". Este livro, também eles o mereceram.

Este livro foi composto nas famílias tipográficas
Minion Pro e *Rotis Semi Sans*
e impresso em papel *Offset* 75g/m²

editoração impressão acabamento
rua 1822 nº 341
04216-000 são paulo sp
T 55 11 3385 8500
F 55 11 2063 4275
www.loyola.com.br